ard Sébastopol, serrant sur elle le papier par leque

toit, sans pain, plus d'un presque nu.

er : l'un sous la tente au pied du Panthéon, rue de la Montagne-Sainte-Geneviève ;

ir même, dans toutes les villes de France, dans chaque quartier de Paris, des

t couvertures, paille, soupe, et où l'on lise sous ce titre « Centre fraternel de

REPRENDS ESPOIR, ICI ON T'AIME. »

subsistent, devant leurs frères mourant de misère, une seule opinion doit exister

-nous assez tout de suite pour faire cela. Que tant de douleur nous ait rendu cette

plus tard pour demain : cinq mille couvertures, trois cents grandes tentes

rue de la Boétie. Rendez-vous des volontaires et des camions pour le ramassage, ce

quais de Paris. Merci !

e 1954 sur les antennes de Radio-Luxembourg.

ISBN 978.2.7509.0712.9

365 MÉDITATIONS

Paroles de vie de

L'Abbé Pierre

365 MÉDITATIONS

Paroles de vie de

L'Abbé Pierre

Sélectionnées par CHRISTOPHE RÉMOND
Photographies d'OLIVIER MARTEL

PRESSES DE LA RENAISSANCE

Tout fraternellement

« J'ai besoin de toi ! »

(l'Abbé Pierre à Georges,

le premier compagnon,

accueilli en novembre 1949.)

1er janvier

L'homme ne peut vivre que d'une flamme qui naît dans le dévouement et l'amour. L'aventure à venir de ma pauvre vie sera d'allumer cette flamme.

Le capucin avec ses parents, ses frères et ses sœurs à Irigny, 1934.
Double page précédente > Moine cistercien dans le parc de l'abbaye de Nunraw, Écosse.

2 janvier

Nous nous refuserons chaque jour d'être heureux sans les autres.

Village de Tenguélan, pays Agni, Côte-d'Ivoire.

3 janvier

Il va falloir savoir aimer, consentir à apprendre à aimer. Combien cela est autre exigence que l'instinct ! C'est exigence de liberté. Et de cette liberté la plus extrême, la liberté volontaire pour se livrer, pour se lier.

Église du Christianisme céleste à Abidjan, Côte-d'Ivoire.

4 janvier

Si ma vie est questionnement perpétuel, c'est parce que je suis habité par une certitude: l'Infini est Amour.

Les complies à l'abbaye Notre-Dame d'Aiguebelle, Drôme.

5 janvier

Si je peux transmettre une certitude à ceux qui vont mener la lutte pour mettre plus d'humanité en tout, c'est : « La vie, c'est apprendre à aimer. »

Anniversaire de la mort de saint Serge de Radonège
à Serguiev Possad, Russie.

6 janvier

Deux forces nous attirent comme des aimants.

L'une pousse vers l'idolâtrie : « Moi, moi, moi, moi seul. »

L'autre pousse au partage.

Casbah du caïd de Laarabi, vallée du Draa, Maroc.

7 janvier

Il ne peut y avoir de salut si, devant le mal, devant l'exploitation du plus faible, il n'y a pas la colère.

La colère révèle ce qui est aimé.

La colère se manifeste là où est ton amour.

Frontière Érythrée-Soudan, Éthiopie.

8 janvier

En « aimer », il y a plusieurs pôles : « Pour ma joie dans ta joie », car même en pleurant, même à travers des difficultés et des luttes, l'amour donne de la joie.

Bretagne.

9 janvier

N'a-t-on pas trop souvent pris l'habitude de prier pour dire : « Merci de m'avoir donné ce qui me satisfait » ou « Donne-moi ce que je désire » ? La prière ne peut jamais être expression de la satisfaction, elle est essentiellement dans l'Adoration.

L'Adoration au couvent des Victimes du Sacré-Cœur
de Jésus à Marseille, Bouches-du-Rhône.

10 janvier

Le pire, c'est d'être nié, en tant qu'homme, en tant que peuple.

Le « pire », c'est d'être exclu de la communauté humaine.

Mine de diamants de Tortiya, Côte-d'Ivoire.

11 janvier

Humblement et avec persévérance, continuer l'effort jamais fini pour que l'homme, chaque jour, voie, aime et serve en chaque humain souffrant l'Éternel Amour mystérieusement présent en lui.

Phnom Penh, Cambodge.

CAM Tel

12 janvier

Avoir l'intelligence de ne plus gâcher la terre, comme de ne plus tuer nos frères, de construire la terre comme de construire la paix, cela ne se peut qu'au prix d'un « oui » chaque jour renouvelé, en acte, à cet appel, jusqu'à ce qu'il obtienne de nous tout nous-même.

Porteur de calebasses de vin de palme au retour des champs, sur la piste de Boundiali, Côte-d'Ivoire.

13 janvier

La volonté de prière nous laisse à certains jours le cœur sec. Surtout, n'abandonnons pas ces moments. Si nous persévérons, ne tardera pas à revenir souffler dans notre voile tendue le vent de Dieu…

Prière au temple Wat Phnom à Phnom Penh, Cambodge.

14 janvier

Renaître. Repartir de la source. Rompre avec le fatras des conventions où se camouflent les faussetés.

Village de Tenguélan, pays Agni, Côte-d'Ivoire.

15 janvier

La vie, si on la regarde en face, apporte peu de certitudes.
Mais ces certitudes sont bonnes et fortes. Elles coûtent cher.
Mais seules ces certitudes valent la peine de vivre.

Fort Massu, oasis de Timia, Niger.

16 janvier

Il y a deux choses essentielles dans la vie, deux choses qu'il ne faut surtout pas rater: aimer et mourir.

Chrétiens cachés d'Ikitsuki, Japon.

トマス
百村豊作
百村ハマ
マリヤ
百村正治
ヨハネ
テーカラ

17 janvier

Un jour de pluie, avec un des compagnons nous avions traversé tout le sud de Paris, sans rien ramasser, nous étions fourbus. Il me dit les larmes aux yeux : « Père, on n'a pas ramassé grand-chose, on a eu froid, on est trempé, mais qu'est-ce que je suis heureux ! Je suis utile, je sais que quelqu'un attend quelque chose de moi ! »

Flandre.

18 janvier

Le désir, c'est aussi la tendresse.

Mariage shintoïste à Tokyo, Japon.

19 janvier

La peur, c'est un manque d'être, une mauvaise connaissance de nos possibilités et de la plus grande d'entre elles : l'amour.

École primaire Mahalia-Jackson
à la Nouvelle-Orléans, Louisiane.

20 janvier

Pour le chrétien, la paix s'atteint dans la communion. Si elle passe par l'effacement du moi, elle trouve sa plénitude dans la communion.

Pèlerinage de Lourdes.

21 janvier

Le pardon est un des plus beaux actes d'amour et de fidélité. Être fidèle : c'est ne pas se dérober.
C'est le devoir de tout être.

Norvège.

22 janvier

Le chuchotement de l'amour nous fait être plus, hors de soi. Cette loi n'est pas une loi pour restreindre, c'est une loi pour s'épanouir et pour se développer. C'est une loi de croissance : « Aimez ! »

Fête de la rentrée scolaire à Tonlé Bati, Cambodge.

23 janvier

« Je Suis Amour » nous a faits à son image, capables d'aimer. Chaque fois que je manque à l'amour, je suis hors-la-loi.

Femme et son enfant peuls à Djenné, Mali.

24 janvier

Dans l'Être nous est révélé quelque chose de l'inabordable, de l'indicible. C'est sans limites, le souffle d'un baiser mutuel…

Mariage à Kairouan, Tunisie.

25 janvier

Toi et moi, nous pouvons dire : « Notre Père. » Le Royaume de Dieu est arrivé ! Très simplement, cela veut dire : le temps de la peur est révolu. Pécheur ou pas pécheur, athée, musulman, juif, agnostique, il est possible à tout instant de venir dire : « Notre Père. »

Mosquée du Sultan, Singapour.

26 janvier

Dans l'éducation nécessaire à donner aux enfants, il faut retrouver le respect de la sagesse des vieux. On ne les écoute plus, on les laisse mourir sans leur donner la parole. Ils sont la base de l'éducation familiale. Le grand-père sait ce que la vie lui a appris, et ça, ça ne s'apprend pas à l'école.

Tazzarine, djebel Rhart, Maroc.

27 janvier

Ceux que nous accueillons ont souvent manqué de cet essentiel : une famille.

Hanoï, Vietnam.

28 janvier

Dieu n'est pas responsable des exactions humaines, puisqu'il a donné la liberté à l'homme. Si nous n'avions pas de liberté, nous nous révolterions. Nous serions des machines programmées. Nous devons assumer notre liberté!

Djenné, Mali.

29 janvier

L'homme inachevé a deux germes en lui ; l'un de « plus être » par le don de lui-même, l'autre de « moins être » par la rapine. Que l'on soit ministre ou clodo, c'est la même chose !

Fête annuelle de Nagasaki, île de Kyushu, Japon.

30 janvier

L'Éternel qui est amour nous aime et nous, nous sommes libres de nous l'entendre dire ou pas, libres à notre tour d'aimer ou de ne pas aimer, comme dans une ronde à trois temps.

Village près de Djenné, Mali.

31 janvier

L'amour se dit, et puis se donne aux hommes en la personne de Jésus. En lui ont coexisté, dans un équilibre parfait, l'absolu de l'Amour et la liberté humaine qui va s'exprimer jusqu'au bout.

Baptême à l'église Alexandre-Nevsky à Kolyvan, Russie.

février

Amour. Ce seul mot embrasse ce qui dépasse toutes nos capacités de mesure, de calcul.

Rio Rosario, village de Santa-Maria, Colombie.
Double page précédente > Quelques secondes avant le coucher du soleil dans l'immensité saharienne de l'Aïr, Niger.

2 février

Si je veux être heureux sans les autres, tôt ou tard mon bonheur se révèle raté. Au contraire, si je veux être heureux en rendant les autres heureux, en rayonnant comme je peux, j'aurai un bonheur toujours plus grand.

Plantation de cannes à sucre à Wonji, Éthiopie.

3 février

L'action de ceux qui s'engagent au service des plus pauvres, des plus souffrants, est prière.

Les vêpres à l'abbaye Notre-Dame de Tamié, Savoie.

4 février

Seule la bonté, la virile et loyale bonté, la pratique et réelle bonté qui fait que je veux me priver pour que moins d'autres soient privés, lave et comme la neige fait revenir immaculée la blancheur.

La communion lors du pèlerinage
de l'Ordre de Malte à Lourdes.

5 février

Pour que la vie soit vivable, tous sont nécessaires : le vieil homme, la grand-mère participent tout autant à la santé d'une société que les naissances qui assurent son renouvellement. La cohabitation entre les générations est nécessaire.

Maison de retraite et école maternelle à Kyoto, Japon.

6 février

La vraie charité ne consiste pas à pleurer ou simplement à donner, mais à agir contre l'injustice.

Enfants des rues à Antsirabé, Madagascar.

7 février

Ne soyons pas hypocrites!

Nous sommes tous privilégiés par rapport à quelque autre.

Que faisons-nous de notre privilège?

Se justifie-t-il en voulant être moyen de servir plus?

Djebel Cheren, Chenini, Tunisie.

8 février

Le monde va probablement traverser de graves crises qui obligeront les nations les plus développées à faire un choix: ou elles se replieront sur elles-mêmes, ou elles s'ouvriront à la solidarité.

Fin d'après-midi à Djenné, Mali.

9 février

L'admiration n'est que néant.

Seule l'amitié est réalité.

Imilchil, Haut-Atlas, Maroc.

10 février

Nous ne pouvons plus cesser de nous rappeler les uns aux autres, chaque jour : « Avons-nous fait assez aujourd'hui pour nos frères ? Qu'avons-nous fait de nos frères les plus faibles ? »

Près d'Abengourou, Côte-d'Ivoire.

11 février

Savoir pour quoi crie si fort au cœur des humains le besoin de liberté, là est la question qui domine l'univers, là est la condition de la joie de chacun.

Île du Mozambique.

12 février

C'est dans le mystérieux sanctuaire de l'âme de quelques-uns que se joue, chaque jour, le destin des multitudes. Dans l'âme de ceux qui diront: «Me voici!»

Moine du mont Athos, Grèce.

13 février

L'amour est à la mesure non de ce que je suis, non de ce que je peux prendre, non de ce que je peux donner, mais de ce qui, étant aimé par moi, me prend.

Swai, Éthiopie.

14 février

La raison de vivre, c'est de naître à aimer et d'apprendre à le savoir et vouloir.

Hôpital de la Sainte-Famille à Bethléem, Cisjordanie.

15 février

Ce n'est pas la misère en soi qui est belle, mais le fait que la personne frappée par la misère garde sa beauté. On ne peut utiliser le Beau dans la relation avec la souffrance que si l'on a assumé en soi la conscience du sacré dans la personne. Elleest piétinée, maltraitée, souillée par la misère, mais c'est une personne, un être capable de connaissance, de choix, d'amour.

Bédouin, Wadi-Rum, Jordanie.

16 février

L'amour chrétien, parce qu'il implique la communion, s'incarne dans la relation avec les autres et surtout avec les plus faibles. Il n'est pas un état lié à la méditation, ilest l'essence même de l'être et il est une relation entre nos petits moi et Lui.

Ethnie des Oromos, région du Gojam, Éthiopie.

17 février

On me dit parfois : « Tu es pessimiste, le but de la vie serait donc de partager les souffrances des autres ? » Je réponds alors : « Mets ta joie dans ma joie, nos joies ensemble au service de la joie de tous… »

Jeunes filles malaises
fêtant le nouvel an chinois, Singapour.

18 février

La misère est une atteinte à la paix.

Enfant bantou, Transvaal, Afrique du Sud.

19 février

Nous devons déclarer la guerre à l'indifférence, à l'aveuglement social ou religieux.

Forgerons à Madagascar.

20 février

Pardonner, c'est le don parfait au-delà du don.

Il est essentiel dans la relation humaine.

Fête des ignames au village de Tenguélan, Côte-d'Ivoire.

21 février

Si Dieu est amour, sa loi est un souffle d'amour, une respiration chuchotée à l'oreille.

Cimetière de la cathédrale Saint-Élie-le-Prophète
sous la neige à Arkhangelsk, Russie.

22 février

Je garde cette certitude que l'humanité tend vers l'Un. Cette tension vers l'Un est une montée vers la justice et vers la paix.

Nekob, djebel Sarhro, Maroc.

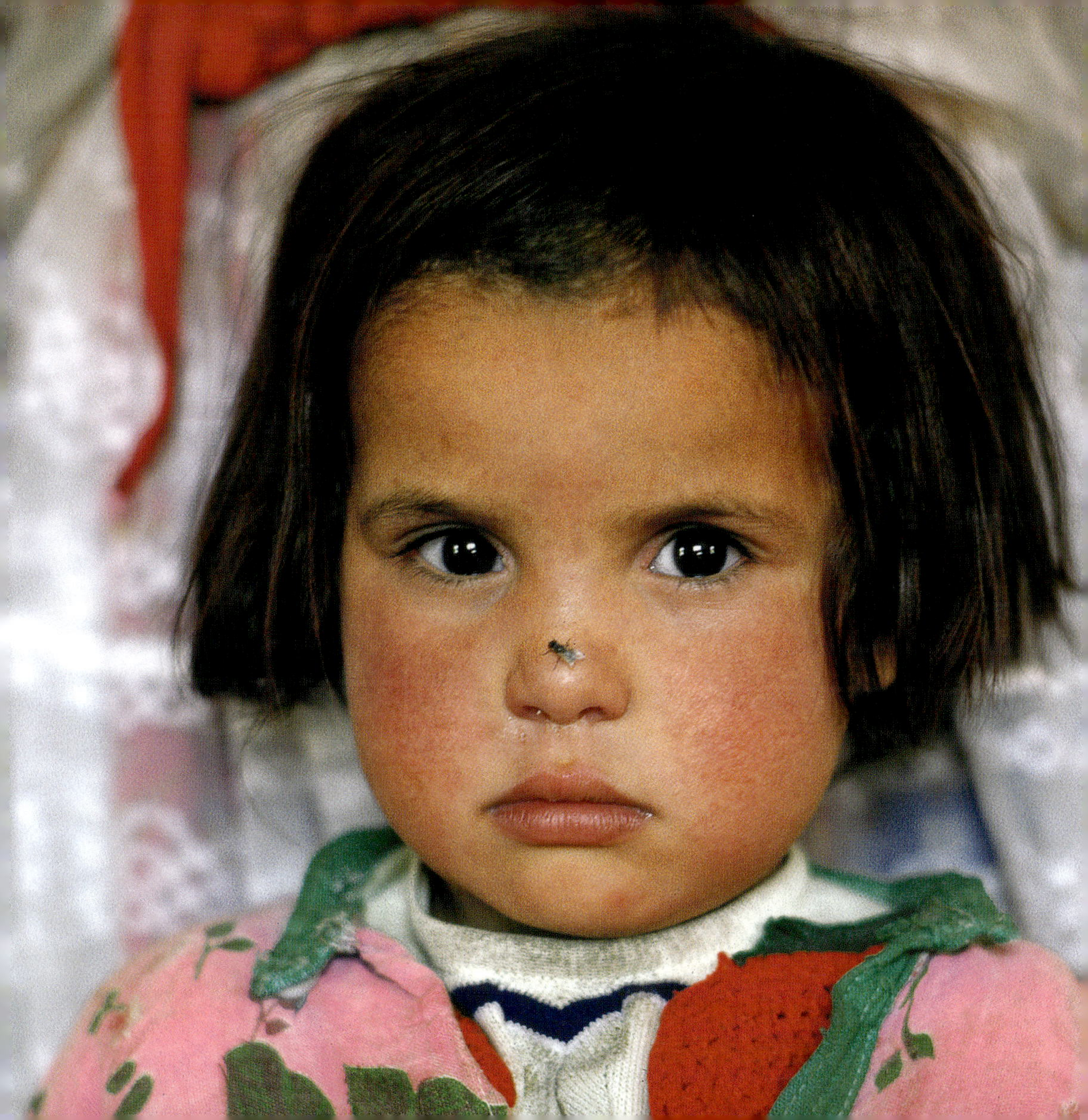

23 février

La nature humaine est essentiellement bonne.

Fête celtique, pays de Galles.

24 février

La solidarité contribue au relèvement.

Rizières à Andino, Madagascar.

25 février

C’est l’amour dont tu témoignes par ton action qui fait changer les plus endurcis.

Yémen du Nord.

26 février

Il n'y a pas d'amour, s'il n'y a pas de liberté. L'homme est libre d'aimer, c'est un choix. Et quand j'aime, je provoque une réaction en chaîne.

École Dar al-Salam à Doura, Territoires palestiniens.

27 février

Celui qui dit non à l'injustice, celui qui va par « vrai amour » à rebours de tout profit pour que soit servi premier le plus petit sait bien que, dans ce commencement d'amour, il est aimé par l'Aimable Infini, dont tout en lui était autant signe, en creux, qu'impatientes faim et soif.

Fakaha, pays Sénoufo, Côte-d'Ivoire.

28 février

L’amour et la justice sont réciprocité indissociable.

Visite à la prison de Patzun,
province de Chimaltenango, Guatemala.

YALE

1er mars

Comprendre fait partie de l'amour.

Départ à l'école, Singapour.
Double page précédente > Casbah du caïd de Laarabi, lieutenant du Glaoui, vallée du Draa, Maroc.

ABCDEFGHIJKLMNOPQRSTUVWXYZ
0
1
2
3
4
5
6
7
8
9
10
20
30
40
50
60
70
80
90
100
abcdefghijklmnopqrstuvwxyz

mars

Observer, savoir planter ou ensemencer, entrer dans le rythme des saisons et mettre très tôt les enfants au contact de la nature qui leur enseigne le respect de la vie, tout cela est essentiel à l'équilibre humain.

Cultivateur et son fils, province de Bien Son,
district de Luc-N'Gan, Vietnam.

3 *mars*

Il n'est pas nécessaire d'être savant pour être capable de prier.

Synagogue de la Grihba à Djerba, Tunisie.

4 mars

L’indignation pourrait avoir beau jeu de nous donner bonne conscience. Pourtant, elle ne dispense pas de l’action.

Service pédiatrique de l’hôpital d’Antsirabé, Madagascar.

5 mars

Je dis à tous les jeunes: vous avez le devoir d'être heureux.

Et l'homme heureux est gloire de Dieu.

Jeux de mains, Australie.

KOONGAMIA
DANCERS

6 mars

Le scandale de la souffrance et la certitude de l'Amour sont indissolublement liés. La conscience de cette réalité paradoxale me taraude à chaque moment de ma vie ; c'est elle qui fonde toutes mes actions.

L'Abbé Pierre dans le bidonville de La Quarantaine
à Beyrouth, Liban, 1959.

7 mars

Celui qui peut persévérer dans l'amour, un amour vrai, capable de veiller à la joie autant qu'au pain, ou se convertir pour y revenir, voilà bien la plus essentielle définition de l'Homme.

Le vannage dans la vallée du Draa, Maroc.

8 mars

Être la voix des hommes sans voix, de ceux que la douleur réduit au silence, la voix qui montre ce qui est, ce qui se peut, ce qu'il faut faire, ce qui doit se dire, que ça se dise ou que ça ne se dise pas.

Au royaume des fétiches, Côte-d'Ivoire.

9 mars

L'amitié consiste à poursuivre ensemble, dans un humble respect mutuel, l'effort pour accomplir les bonnes et difficiles tâches nécessaires.

Retour du puits en pays Sénoufo, Côte-d'Ivoire.

10 mars

La paix pour laquelle l'homme vit, la vraie paix vivante et la seule à la mesure de toutes ses faims est une paix de passion créatrice, une paix de colère d'amour.

Mur de la paix à Belfast, Irlande du Nord.

PALOMA
SPAIN 14-12-03
IAN SCHUCK
07/03/06
Alexa/Germany
9/6/07
Rachel x LEE
Idell
Sheffield
Nov. 06
TIREIA
SPAIN
31/05/07
Sheli
4-16-06
U.S.A
CLAIRE FRY
DUBLIN 2006
MARGARET
4-15-06
USA
IT IS BETTER
Rach
30/6/07
Haddock
June 07.
THE PEOPLE OF BARNSLEY
WISH YOU LUCK
MAY THE PEACE LAST.
PAX VOBISCUM
LIVE FOR
PEACE
KATHRYN
America AUG 1
CAMERATI
Marja-Liisa
Kathleen
O'Shea
22.12.06
TOO MANY PEOPLE.
Caitriona
HUG IT
OUT!
PEACE
Alethea
Rocks
PEACE IS
THE ONLY
WAY!

11 *mars*

Tout pouvoir est aveugle aussitôt qu'il est assez haut pour avoir de grands moyens. Il est alors trop loin de la connaissance réelle de la peine populaire.

Retour de corvée d'eau potable, Tunisie.

12 mars

Au faîte de l'univers visible, l'homme est là, fragile, capable de défaillir et capable de cette sublimation: le don de soi volontaire pour que les autres, tous les autres, à commencer par les plus souffrants, soient libérés.

Village de Kangandissou, Côte-d'Ivoire.

13 *mars*

Garder la maîtrise de soi pour résister à l'inévitable sensation de ne voir tout tantôt que trop beau et sans défauts, tantôt que trop noir et comme n'étant que défauts.

Mare aux crapauds-buffles,
région de Man, Côte-d'Ivoire.

14 mars

Rares sont les parvenus qui ne sont pas des fuyards.

Siège sacré du chef suprême
des chefs coutumiers, Côte-d'Ivoire.

15 mars

Aimer me sort de moi, car c'est l'essence de tout amour vrai d'extasier, c'est-à-dire de mettre hors de soi, et de faire ne plus être soi autrement qu'en étant un avec l'aimé.

Frontière Érythrée-Soudan, Éthiopie.

16 mars

Pour vaincre le malheur, osons ouvrir les yeux et combattre. Le monde est malheureux. Ceux d'entre nous qui ne sont pas affamés, ni sans travail, ni sans logis, saurons-nous vivre ce que la détresse implacable des autres réclame de nous ?

Jeu du tourniquet d'enfants sans-abri
au marché Asabotsy d'Antsirabé, Madagascar.

Aladdin
3
4

17 mars

« Et les autres ? » Voilà un des fondements de la paix ! Se souvenir perpétuellement de cette question, dix fois, cent fois, mille fois, se réveiller et s'endormir en disant : « Et les autres ? »

Cambodge.

18 mars

La paix, c'est là où il y a du bonheur, un épanouissement, où la vie est respectée depuis la naissance jusqu'au grand départ, où l'on ne refuse pas celui qui vient par amour nous la donner !

Berbère à la colombe, Tunisie.

19 mars

Un de nos chiffonniers avait un énorme tatouage, représentant la tête du Christ couronnée d'épines, au-dessous était écrit : « Il a souffert, moi aussi ! » Si je m'étais contenté de lui dire : « Bénis sois-tu, tu as bien de la chance, parce que tu lui ressembles ! », il m'aurait mis son poing sur la gueule ! La seule bénédiction qui soit acceptable, c'est l'amour que tu lui donnes.

Tatouage, port du cap de Bonne-Espérance,
Afrique du Sud.

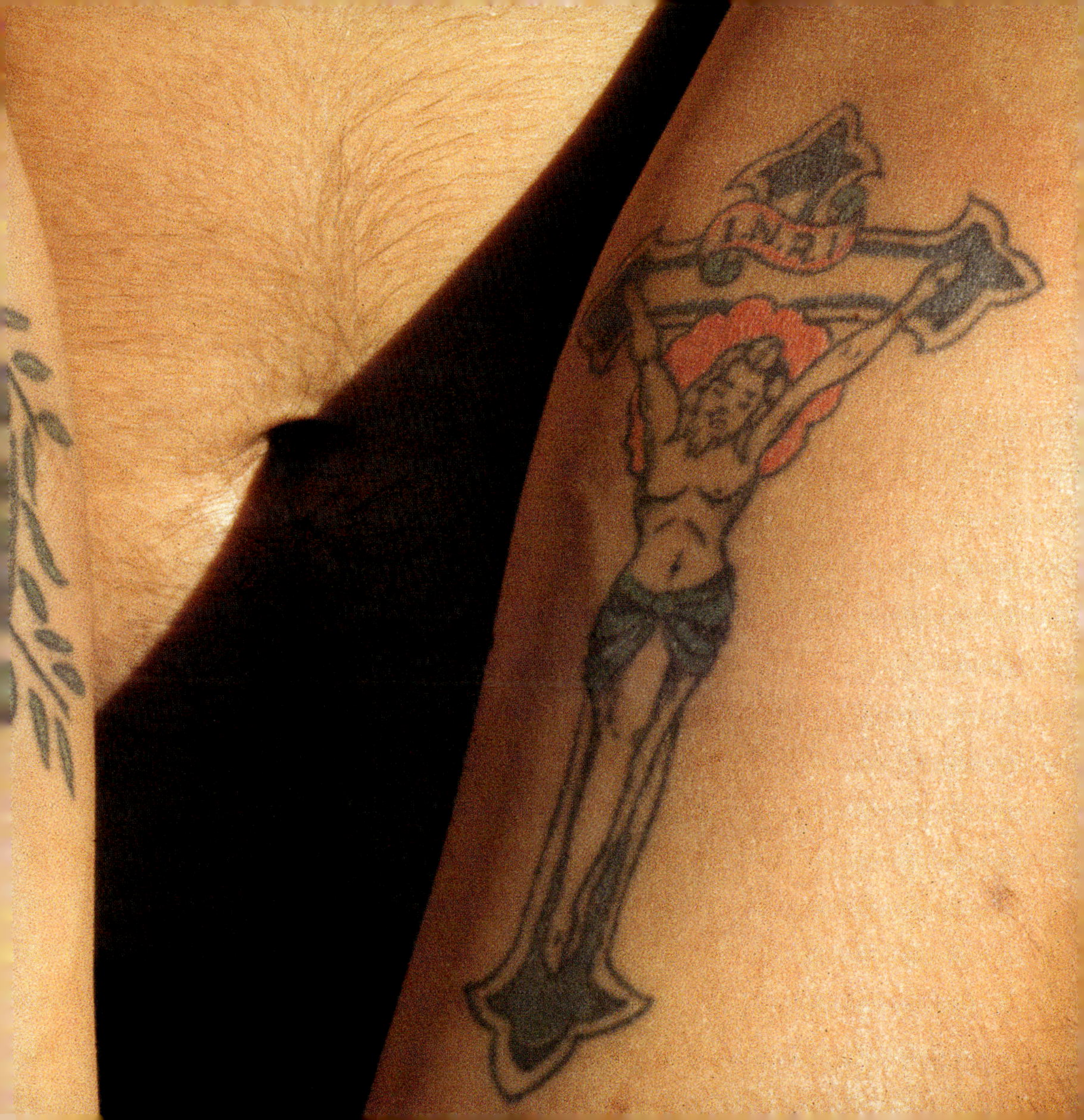
I.N.R.I

20 mars

Les pauvres ont besoin d'une présence, d'un contact avec ceux qui les aiment, d'une communion, d'une fraternité humaine.

Région de Béja, Tunisie.

21 mars

Aimons ceux qui sont contre nous ! S'il est facile d'aimer ceux qui sont avec nous, il faut être capable d'aimer ceux qui sont contre nous.

Jeu avec les goélands sur la plage de Tampa, Floride.

22 mars

On construit la paix avec tous les morceaux de guerre que l'on trouve.

Moussem des amandiers en fleurs à Tafraoute, Maroc.

23 mars

La société idéale, mais pas impossible, c'est celle où par la foi en un Dieu Amour, à un « Notre Père ! », la justice peut être au milieu des hommes. À ce moment-là, il n'y a plus ni Juif, ni Grec, ni esclave, ni homme libre, ni Jaune, ni Noir, et nous tendons vers l'Un.

Vietnam.

24 mars

Il y a deux visages au mal, celui lié aux catastrophes naturelles et celui lié à la méchanceté des hommes. Mais aucun de ces visages n'est un reflet du visage de Dieu qui est l'amour. L'amour est juste par essence.

Pic de Fourcat, roc de Quercourt,
haute vallée de l'Aude.

25 mars

C'est la gloire de Dieu que d'être, par son Être, amour reconnu comme amour.

Pont de lianes dans la région de Man, Côte-d'Ivoire.

26 mars

Ce qui a été déterminant pour Emmaüs, c'est lorsque nous avons été obligés de compter les uns sur les autres. Les compagnons ont trouvé l'idée de la récupération et tout a commencé. Je ne pouvais rien faire sans eux, le « j'ai besoin de toi » s'inversait, à mon tour, j'avais besoin des compagnons.

L'Abbé Pierre sur les « gadoues », champs d'épandage
sur lesquels les compagnons d'Emmaüs
récupèrent chiffons, ferraille, métaux, etc., 1950.

27 mars

L'amour n'est jamais à sens unique, il est une relation, une étincelle entre les êtres.

Siemp-Reap, Cambodge.

28 mars

La conscience de la fraternité est essentielle au progrès social et au progrès humain.

Le thiosane, fête des enfants, à Dakar, Sénégal.

29 mars

Qu'il est indiciblement bon d'aimer ! Ce n'est pas un concept rationnel, intellectuel, mais l'expérience du « qu'il est bon d'aimer ». C'est la réponse aux exigences de tous les appétits de notre être : la fraternité.

Berbères dans les gorges du Dadès, Maroc.

30 mars

Se réveiller tous les matins en sachant qu'on aura à manger ne donne pas un sens à la vie. Il ne suffit pas de savoir manger pour vivre, il faut apprendre à être.

Cuisson du *ahroum* à Ksar Igoulmimen, Maroc.

31 mars

L'amour s'accomplit dans la réciprocité.

Jeunes filles malaises fêtant
le nouvel an chinois, Singapour.

1er avril

On ne se sauvera pas les uns sans les autres.

Centre de dépistage contre le paludisme à Swai, Éthiopie.
Double page précédente > Mariage à Zarzis, Tunisie.

2 avril

La vie est un temps donné à des libertés pour, si tu veux, apprendre à aimer.

Complicité en famille, Paris.

3 avril

Si l'humanité n'est pas une rencontre avec de l'Absolu, de l'Infini, cette humanité n'est que bulles de savon qui jaillissent dans l'air pour aussitôt disparaître.

Pêcheurs sur la lagune de Tiagba, Côte-d'Ivoire.

4 avril

Je n'oublierai jamais le mendiant qui me disait: « Leurs regards me passent au travers.»

Iztapalapa, Mexique.

H

5 avril

L'Église doit faire connaître au monde que « l'Infini est Amour». Ne soyons pas étonnés que le monde n'accepte de l'entendre que par des exemples!

« Les miséricordes », stalles du XIVe siècle,
abbaye Notre-Dame de la Maigrauge, Suisse romande.

6 avril

La pitié n'est pas une fin.

Seule la justice est un but digne de l'homme.

Fête des ignames en pays Agni, Côte-d'Ivoire.

7 avril

La Joie, c'est aussi celle qui emplit le cœur lorsqu'on a rencontré la certitude que la vie n'est pas un chemin qui va vers rien.

Palmeraie autour de Tineghir, Maroc.

8 avril

Nul humain ne se détruit. Pas plus que quiconque ne se crée. Ce «je» qui n'était pas, d'où tirerait-il en lui-même pouvoir de se faire cesser d'être ? Dès l'instant qu'il est, pas plus qu'il n'a pu choisir d'être, il ne peut choisir de ne plus être.

Bombay, Inde.

9 avril

Sois bon. Déteste la suffisance. Être bon, être non suffisant, être pour de vrai: tout cela n'est qu'un.

Aïche, 9 ans, à Wadi-Rum, Jordanie.

10 avril

La jeunesse des peuples d'aujourd'hui saura-t-elle dépasser l'explosion de son cri d'insatisfaction et de dénonciation? Saura-t-elle se faire ce témoin des petits? Alors seulement pourront avancer et chaque nation et l'union des nations.

École de Tiagba, Côte-d'Ivoire.

I II III IV V VI VII VIII IX X XI XII XIII XIV XV XVI
100 200 300 400 500 600 700 800 900 1000 1100 1200 1300 1400 1500 1600

11 avril

Il n'y a de libertés, réelles, absolues, que celles qui se font libéralisatrices.

Le Transvaal, Afrique du Sud.

12 avril

Qui donc pourrait être absous d'avoir vécu sans aimer?

Vietnam.

13 avril

Seul aimer l'Infini m'ouvre l'Infini, en me donnant à Lui.

Atelier d'iconographie à Serguiev Possad, Russie.

14 avril

Vous les jeunes, soyez fidèles à l'appel que vous sentez au plus profond de vous-mêmes.

Fête annuelle à Nagasaki, île de Kyushu, Japon.

15 avril

On a pleinement réussi dans l'effort d'arracher quelqu'un à sa souffrance seulement si, une fois sorti de sa souffrance, il devient attentif aux souffrances qui restent autour de lui, et veut à son tour être contagieux et aimer.

Pèlerinage international de l'Ordre de Malte, Lourdes.

ITALI

16 avril

L'étude sérieuse des racines du conflit et l'éducation sont constitutifs du dialogue qui est le premier des chemins pour la paix.

Ancienne mosquée devenue
école coranique à Maputo, Mozambique.

17 avril

Pour dialoguer, il faut une langue commune étayée sur des valeurs qui ne se discutent pas, qui sont universelles. L'unique valeur universelle, c'est ce qu'une maman éprouve avec certitude quand elle a dans ses mains l'infinie fragilité du nouveau-né, au service de cette faiblesse, pour que cette faiblesse puisse grandir et devenir ce qu'elle est capable de devenir.

Guatemala.

18 avril

La terre aux humains. Solidairement !

Nous sommes ensemble dépositaires et responsables de la paix et du bonheur.

Fabrique artisanale de briques à Djenné, Mali.

19 avril

La domination du plus fort sur le plus faible est dans la nature. L'homme, par sa liberté, peut s'élever au-dessus. Le vrai sens de l'homme ne se situe pas dans la domination mais dans le service. Être plus, dans le juste partage, plutôt que d'avoir plus.

1974, région de Tete, Mozambique.

20 avril

Si l'on ne se sent pas blessé de la blessure de l'autre, on reste chez soi à regarder la télévision et l'on fait un chèque symbolique à une œuvre pour se dire en bonne conscience : « J'ai donné ! » Cela ne sert à rien de donner sans avoir été blessé par la blessure de l'autre.

Enfants hmong, Vietnam.

21 avril

Combien de personnes âgées ont des trésors de connaissance à léguer à leurs enfants et leurs petits-enfants ! La source de l'éducation est là.

Région de Rissani, Maroc.

22 avril

L'Incarnation de l'Amour se manifeste dans la tendresse avec laquelle le Christ parle à ses amis.

Porteurs de l'Arche de Moïse à Goha Tsiyon, Éthiopie.

23 avril

L'amour est une énergie qui réconcilie l'être avec lui-même.

La danse du Tama à Dakar, Sénégal.

24 avril

Il faut apprendre à aimer, à reconnaître chacun des visages de l'amour.

Le thiosane, fête des enfants, à Dakar, Sénégal.

25 *avril*

Ce que l'on peut faire, que l'on donne ou non une pièce à celui qui mendie, c'est regarder un instant la personne. Si vous le regardez, vous lui rendez une part de lui-même que la misère a effacé. Pour un instant, vous devenez un visage de l'amour.

Vietnam.

26 avril

Un ancien légionnaire m'a dit : « Je n'avais appris qu'une chose : tuer. Ici à Emmaüs, c'est le contraire, on se tue à aimer. Quand on a passé sa journée à construire des maisons pour des mères qui n'en ont pas, on sait qu'on n'a pas pu se tromper. »

L'Abbé Pierre sur un chantier, 1954.
© Emmaüs International.

27 avril

Pensez que nous sommes plus de six milliards capables d'être amoureux ! Si nous faisions l'effort chacun d'aimer un peu plus et d'être plus, nous ferions de ce village une communauté et non pas un champ de bataille.

Maisons soukhala avec leur toit-terrasse,
pays Lobi, Côte-d'Ivoire.

28 avril

Malgré les différences culturelles, ethniques, religieuses, la relation entre les hommes est toujours source de paix et de richesse.

Souk de Sanaa, Yémen.

29 avril

S'il n'y avait pas quelques êtres pour croire à cet idéal qui consiste en l'effort d'aider les autres à avoir une vie plus belle, la totalité du cosmos serait absurde.

Région de Killarney, Irlande.

30 avril

L'espérance jaillit de la foi, et la foi, c'est l'impossible…

Spectacle de jongleurs d'enfants
dans le village de Diourouzou, Côte-d'Ivoire.

1er mai

Lorsque je prie, pour résister à la tentation sournoise de la lassitude, du découragement, je lève les yeux vers Marie, qui jamais n'a failli ni défailli, et je reprends confiance.

Prière d'un novice devant une Vierge polychrome du XIIIe siècle
à l'abbaye Notre-Dame de Melleray, Loire-Atlantique.
Double page précédente > Souk de Mouldikht, Tizi'n-Test, Maroc.

2 mai

Il faut parfois laisser faire la nature. Il est bon d'écouter la Terre. Certes, ses façons sont rudes, mais c'est un pédagogue irremplaçable.

Arbrisseau de 30 centimètres, Niger.

3 mai

À mesure que l'on grandit, on se trouve très vite placé devant ces moments où il faut choisir : « moi » ou « ensemble » ?

Internat Saint-Martin-de-France à Pontoise, Val-d'Oise.

4 *mai*

Restituer à l'homme sa dignité : voilà le grand secret.

Vietnam.

5 *mai*

Le scandale du mal, c'est qu'on l'oublie.

On s'en fait complice.

Jeune fille berbère de la région d'Imilchil,
Haut-Atlas, Maroc.

6 mai

Si votre idéal est d'être heureux dans le service du bonheur de tous, vous êtes enviables d'avoir dix, quinze ou vingt ans. Vous entrez dans la vie à une époque qui sera dure mais pleine de possibles.

Jeune étudiante, Paris.

7 mai

Ce n'est pas en tirant sur l'herbe qu'on fait pousser le blé plus vite. Savoir avec amour patienter, regarder, au jour le jour, le petit effort, la lente montée de chacun.

Oasis de Timia, Niger.

8 mai

Oh ! combien fort une évidence, un cri au-dedans de nous domine tout : « Tu es né pour aimer. »

La féticheuse Bekoin Djamina
et sa petite-fille, pays Agni, Côte-d'Ivoire.

9 mai

Être en se donnant et réaliser l'accomplissement de soi dans la communion à tous par le service, avant soi, de quiconque souffre plus que soi.

Fromages des moines de l'abbaye de Cîteaux, Bourgogne.

10 mai

Là où il n'y a pas de pitié ni de faim de justice, il n'y a pas de Bon Dieu.

Orphelinat de Siemp-Reap, Angkor Vat, Cambodge.

11 mai

La paix ne peut rien valoir tant qu'elle n'est pas, d'abord, le fruit d'un combat de toutes les heures pour être vraie.

Retour de pêche à Belo-sur-Tsiribihina, Madagascar.

12 *mai*

Les souffrants sont de droit princes en toute cité. Le plus souvent princes chassés, cachés, bafoués, mais princes quand même.

Enfants des rues à Antsirabé, Madagascar.

13 mai

L'Éternel est tout le contraire du Tout-Puissant dominateur. Parce qu'il est Amour, il est le Tout-Puissant captif.

Château cathare de Peyrepertuse, Aude.

14 mai

Il ne suffit pas de s'émouvoir devant la misère, il faut passer à l'action.

Kangandissou, région Agni-Morofoué, Côte-d'Ivoire.

15 mai

Oui, la charité consiste à unir toutes mes énergies aux énergies de l'être blessé, pour guérir ensemble de son mal devenu le mien. Si la politique n'inclut pas cette charité là, elle est vaine.

L'Abbé Pierre devant le camion de l'exposition itinérante sur les réalisations d'Emmaüs, 1954.

S AUX C
FRANCE

16 mai

La misère, c'est ce qui empêche d'être un homme. Maintenir des peuples dans la misère est un crime contre l'humanité. La misère aliène la liberté. Et si la liberté ne sait pas vaincre la misère, la misère fatalement détruira la liberté.

Pays Lobi, frontière avec
le Burkina Faso, Côte-d'Ivoire.

17 mai

Si, dans une famille, ceux qui sont les plus forts ne tiennent aucun compte du vieillard, du malade, du nouveau-né, entrent le jour comme la nuit dans la maison en claquant des portes, il n'y a plus de famille. Par contre, si chacun conditionne sa manière d'être en tenant compte du faible, du vieillard, dumalade, du nouveau-né, la famille s'épanouit.

Soutien et affection dans une maison de retraite de Sucy-en-Brie, Val-de-Marne.

18 *mai*

La paix du monde dépend des paix individuelles.

Moines bouddhistes à Angkor Vat, Cambodge.

19 *mai*

Que celui qui est sincère dans sa volonté consacre désormais toutes ses forces d'homme privé et de citoyen responsable à faire obstacle à la déferlante de la misère.

Visite médicale de Hmong,
district de Bao-Thang, Vietnam.

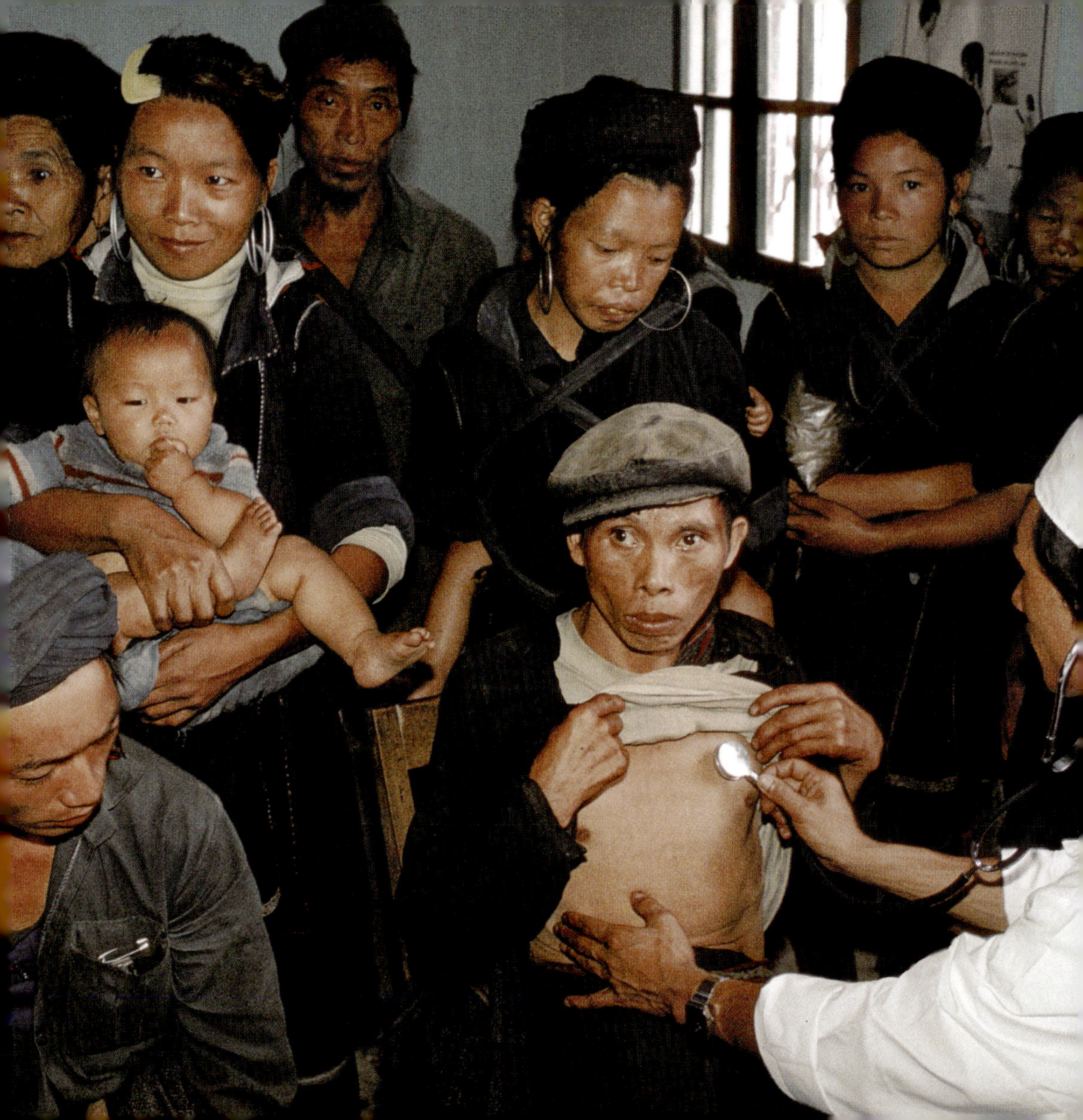

20 mai

Il est très difficile de dompter les forces instinctives de domination simplement par la raison. La foi a un rôle essentiel à jouer. Là où il n'y a pas de foi, la raison ne suffit pas à faire prévaloir la mise des forts au service des faibles.

Les grandes vêpres au monastère Saint-Antoine de Sïsky,
province d'Arkangelsk, Russie.

21 mai

L'absence de paix provoque immédiatement la misère.

Et le pauvre subit.

Mine de diamants de Tortiya,
pays Sénoufo, Côte-d'Ivoire.

22 mai

Il faut aimer totalement…

Ksar Ouled Soltane, Tunisie.

23 mai

L'éducation commence dans la relation d'amour qui est dans la famille.

Baptême chez des chrétiens cachés à Ikitsuki, Japon.

24 mai

L’amour se dit, se donne et il sauve.

Djenné, Mali.

25 mai

La foi se manifeste par l'amour. Si tu ne rends pas croyable l'amour, celui qui a subi toutes les déchirures reste enfermé dans son égoïsme.

Petit village près de Djenné, Mali.

26 mai

La fraternité n'est pas autre chose qu'un éblouissement partagé.

Nouvel an chinois, Singapour.

27 mai

Deux voies s'ouvrent sans cesse devant nous : la suffisance, et l'appel à être attentif et accueillant à cette parcelle d'infini qui s'exprime en chacun comme en soi-même. Être suffisant ou aimer.

Sur les bords du Tsiribihina, Madagascar.

28 mai

L'individualisme est un blasphème à l'amour, un blasphème à l'être.

Villageoise devant son isba, région de Tomsk, Russie.

29 mai

Lorsque la suffisance s'empare d'une société qui pense être au-dessus des autres, qui pense détenir la vérité, qui pense être le bien, c'est la porte ouverte à la barbarie, à l'horreur.

Les bayous, Louisiane.

30 mai

Qu'on ne me dise pas avec fatalité que la domination des plus riches sur les plus faibles se justifie par la loi naturelle. Si l'homme est un animal doué de raison, c'est qu'il peut maîtriser ses instincts.

Touareg, Niger.

31 mai

La loi morale, l'éthique, est surnaturelle, par le plus que l'être donne à l'homme, par la conscience amoureuse qui le porte à agir pour le plus faible.

Consultation médicale au centre communal de Doura, à l'ouest d'Hébron, Territoires palestiniens.

1er juin

L'injustice, ce n'est pas l'inégalité, c'est le non-partage.

Sans-abri à Antsirabé, Madagascar.
Double page précédente > Pêcheurs au large du mont Athos, Grèce.

2 juin

Chez nous, la prière ne durait pas dix minutes. Jamais je ne l'ai ressentie comme ennuyeuse.

C'était comme un moment de répit, où l'on sortait de l'illusoire pour se trouver face-à-face avec soi-même et face à l'émerveillement de Dieu.

Moine cistercien de l'abbaye de Pontigny (XIIe siècle), Yonne.

3 juin

La Terre est école de sagesse.

« Jeu des vents » à Monument Valley, Arizona.

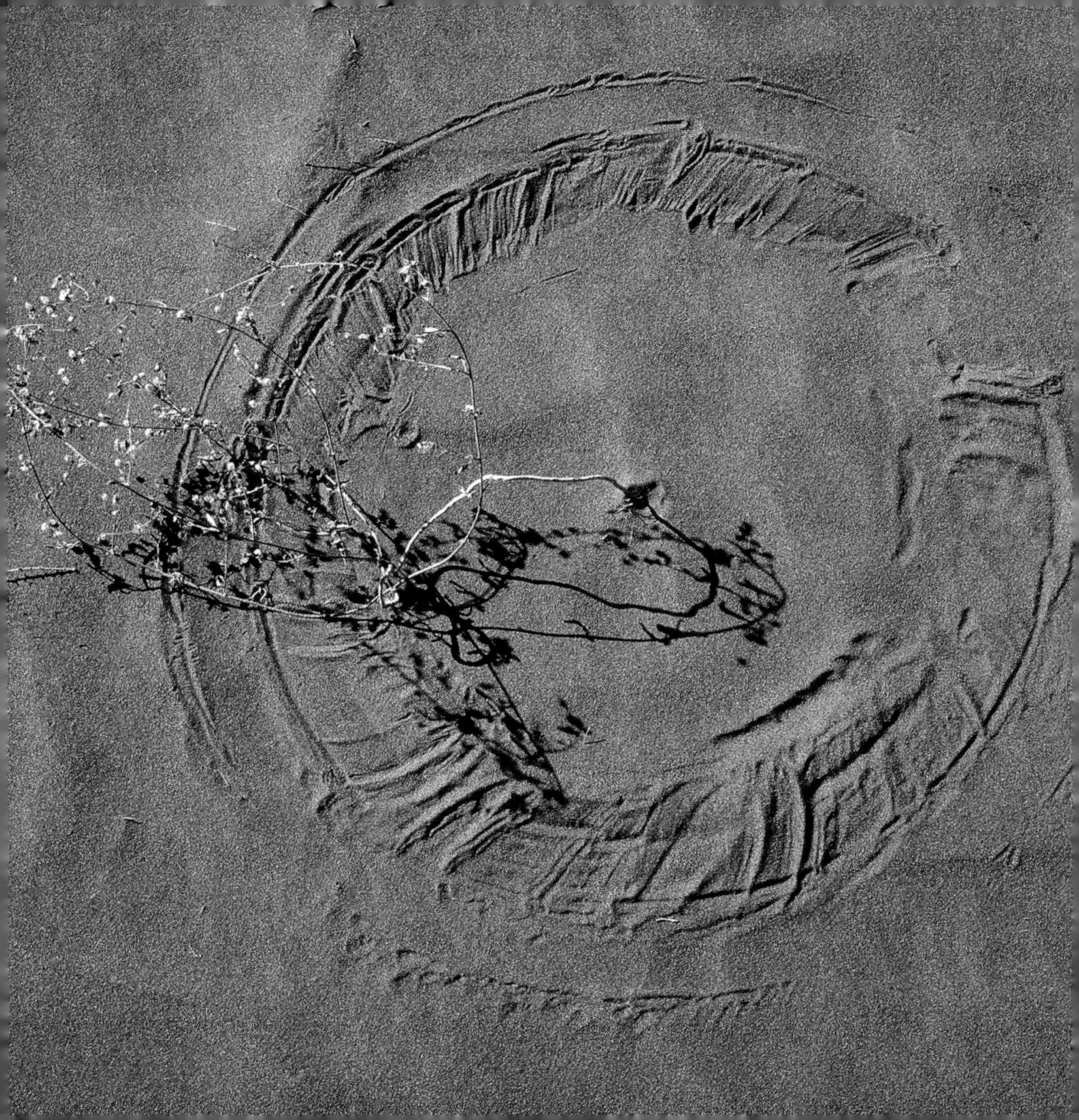

4 juin

La seule façon d'exister qui soit réelle, c'est : aimer.

Village de Kangandissou, région Agni-Morofoué, Côte-d'Ivoire.

5 juin

Il n'est pas rare que l'on me dise :

« Est-ce que tu parles de Dieu avec tes compagnons ? »

Je réponds alors :

« Mes compagnons, souvent. Mais moi pas. »

Stalles du xve siècle de l'église de l'abbaye cistercienne de Hauterives, Suisse romane.

6 juin

Ce qui était impensable est devenu possible, cela est ! Aujourd'hui, il y a des moyens de réaliser l'impensable d'hier.

École primaire à Bloleu,
village frontière du Liberia, Côte-d'Ivoire.

7 juin

L'homme a une âme ; mais avant de lui en parler, qu'on mette une chemise et un toit au-dessus de cette âme. Après on lui explique ce qu'il y a dedans.

Région d'Andino, Madagascar.

8 juin

Ayez la sagesse d'accepter humblement ce qui nous dépasse.

Les palétuviers couvrent les mangroves
des Everglades, Floride.

9 juin

Ai-je su choisir assez d'aimer?

Il n'y a plus d'autre sérieuse question.

Pèlerinage international de l'Ordre de Malte, Lourdes.

10 juin

On ne se moque pas pour toujours de ses frères, on ne se moque pas du Père!

Un moment de sérénité, Grèce.

11 juin

Aimer, c'est être prêt à pâtir pour que tout autre souffre moins, et d'abord le plus petit. Cela seul vaut. Et cela donne tout.

Vietnam.

12 juin

C'est de miséricorde vraie plus que de « distinction » qu'ont besoin nos frères, en même temps que, dans une totale exigence, c'est cela que Dieu nous enseigne et réclame de nous.

Enfants des rues à Antsirabé, Madagascar.

13 juin

Pour qu'il y ait amour et réponse d'amour, il faut qu'il y ait respect.

Mariage juif à la synagogue des Tournelles, Paris.

14 juin

J'ai la certitude que le moindre geste d'amour est une pierre qui participe à l'édification du Royaume. Et cette conviction transforme complètement le sens de toute vie.

Frère Simon enseigne à un compagnon du devoir la taille d'une pierre pour la restauration du clocher de l'abbaye Notre-Dame d'Aiguebelle, Drôme.

15 juin

Dieu sait que l'adoration contemplative a nourri ma vie, mais répondre à l'urgence du pauvre, à son « j'ai faim ! » est le véritable sens de l'appel de Dieu.

L'Abbé Pierre dans un bidonville à Guayaquil, Équateur, 1960.
© Emmaüs International.

16 juin

Si l'on ne revoit pas ce prétendu rapport d'équilibre entre les pays riches et les pays pauvres, on court à la catastrophe et ce sera l'explosion du désespoir des affamés.

La course contre le temps à China Town, Singapour.

TITONI
Cosmo Queen
14
25 JEWELS
ROTOMATIC
SWISS
MADE
TITONI
Cosmo King
25
JEWELS
ROTOMATI
SWISS

17 juin

Le pauvre sanctifie la terre, puisqu'il nous invite à l'amour et au partage.

Région de Kemeur, pays Bigouden, Bretagne.

18 juin

Dieu est Amour, et Amour agissant. C'est parce que tu rayonnes cet Amour que tu aimantes... Il se crée des liens que la raison humaine ne saurait expliquer. Ceux que tu as aidés, tu les as éveillés à l'Amour en le rendant croyable et ils en deviennent contagieux.

Saint-Louis, Sénégal.

19 juin

À partir de simplement un exclu à qui l'on dit: « Viens m'aider. Faisons », et non pas: « Ne fais pas ci, ne fais pas ça », tout devient possible. Il faut ensuite l'entourer, l'épauler pour qu'il puisse donner de lui-même un coup de pied au fond de la rivière et remonter à la surface.

Champs de coton, Madagascar.

20 juin

Parce que Jésus s'est fait humain comme moi, je peux comprendre que mon être d'homme est liberté pour que je sois capable de répondre par l'amour à l'amour.

Pierre tombale, Irlande.

21 juin

Je suis venu proposer le partage, les mains ouvertes, et je suis devenu contagieux.

Haut-Atlas, Maroc.

22 juin

J'ai de la haine contre les actes mauvais des hommes mais je n'en ai pas pour les personnes.

La « bande à Edmond », Antsirabé, Madagascar.

23 juin

Le Christ s'est mis en colère pour révéler l'amour.

Tornade de sable dans la région de Deir ez-Zor, Syrie.

24 juin

L'Être infini, parce qu'il est amour, se donne.

L'homme est libre d'aimer ou de ne pas aimer en retour.

Veliky Novgorod, Russie.

25 juin

Faire par amour est une forme de communion.
Le travail n'est jamais fait pour soi.

Femmes hmong dans les rizières, Vietnam.

26 juin

Ce n’est pas la chose que l’on fait qui compte, c’est pour qui on la fait.

Soins par les plantes en pays Agni, Côte-d’Ivoire.

27 juin

Si nous avions un but, c'était celui d'être vrai.

Humera, frontière Érythrée-Soudan, Éthiopie.

28 juin

Vivre, c'est un peu de temps donné à des libertés pour, si tu veux, apprendre à aimer pour la rencontre avec l'Éternel Amour dans le Toujours de l'au-delà du temps.

Marché au cacao, région d'Agnibelikrou, Côte-d'Ivoire.

29 *juin*

Faire ce que nous avons à faire avec amour, c'est faire surtout que quand tu souffres, j'ai mal et qu'ensemble, on va s'en sortir, car ton mal est devenu le mien, ta misère est devenue la mienne.

Saisonniers dans un champ de maïs près de Yokoboué, route de Sassandra, Côte-d'Ivoire.

30 juin

Quand une société laisse un million de ses enfants sur le côté de la route, elle est à la dérive.

Village de Goulmina, Maroc.

1er *juillet*

On sait par un simple regard ce que l'on a partagé.

C'est une expérience unique d'un plein instant de vie.

Jeunes femmes nung, province de Ha-Bac, Vietnam.
Double page précédente > À l'aube sur la Volga,
entre Nijni-Novgorod et Astrakhan, Russie.

2 juillet

La beauté est l'un des noms de Dieu.

Aït Hadidou, plateau de l'Assif Melloul, Maroc.

3 juillet

Le chemin de toute vie est bordé par des personnes. Cen'est pas un chemin dans le désert. Parfois, on y cueille un fruit inattendu. Et l'on sait que par plus d'un, même inconnu, on sera cueilli à son tour.

Village d'Ilaka, Madagascar.

4 juillet

Il ne faut pas attendre d’être parfait pour commencer quelque chose de bien.

Abengourou, région Agni, Côte-d’Ivoire.

5 *juillet*

Nous sommes maintenant tellement ramassés, solidaires, de telles possibilités de malheur et de bien se présentent à l'échelle planétaire que, pour la première fois, il existe un homme global, un homme total.

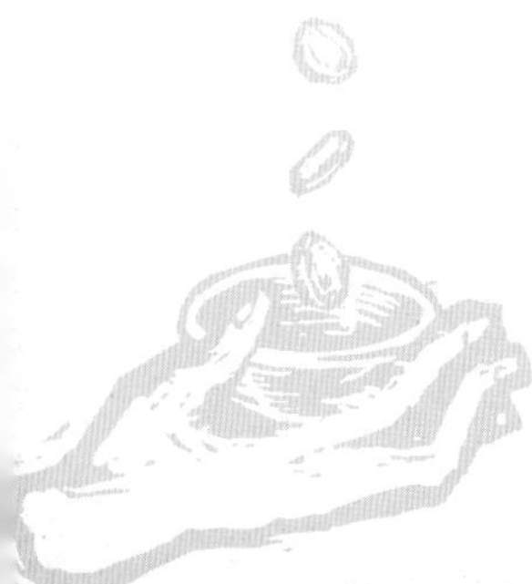

Le hiéromoine Barnasufe,
monastère Saint-Antoine de Sïsky, Russie.

6 juillet

Il faut être conscients des réalités, tout en étant déterminés à savoir « perdre son temps » pour regarder des fleurs, voir naître des poussins, regarder tant et tant de merveilles.

Rose des montagnes, Ciste, les Alpilles, Provence.

7 juillet

Mon angoisse, c'est la conviction que l'humanité va à sa perte si elle ne se remet pas en question, si elle ne retrouve pas d'urgence le sens de l'Éternel et son corollaire : l'exigence de l'Amour.

Touaregs prenant le thé dans l'Aïr, Niger.

8 juillet

Il ne s’agit pas de renoncer à la joie, mais de savoir ne la chercher que dans le service de la joie de tous, à commencer par les plus proches, puis de proche en proche vers la joie universelle.

Alice Springs, Territoire-du-Nord, Australie.

9 juillet

Être attentif et accueillant à cette parcelle d'un message d'infini qui s'exprime en chacun comme en soi-même.

Les gorges du Dadès, Maroc.

10 juillet

Il n’y a pas d’amitié qui, tôt ou tard, ne coûte, et beaucoup. C’est alors qu’elle se révèle vraie, signe et source d’une vie plus pleine pour soi et autour de soi, ou duperie de soi et des autres.

Nouvel an chinois, Singapour.

11 juillet

Être homme vrai et peuple vrai, c'est non pas seulement être dans l'indignation, mais être dans cette colère d'amour qui force à se vouer à la lutte contre toute misère.

Noël orthodoxe à l'église Saint-Nicolas-des-Forgerons de Moscou, Russie.

12 *juillet*

Puisque Dieu a voulu «avoir besoin des hommes» d'une certaine façon, il faut être résolument convaincu que chacun, selon sa manière d'agir, l'on perd ou l'on sauve tout, sûrement pour soi-même et peut-être pour tous.

Frère Patrick s'occupant de l'entretien
des tracteurs de la ferme de l'abbaye de Nunraw, Écosse.

13 juillet

Être libre pour être libre, pour quoi faire?

L'homme est libre pour être capable d'aimer à son tour.

Région de cannes à sucre, Éthiopie.

14 juillet

Applique-toi à ne pas te suffire à toi-même.

Applique-toi plutôt à aimer.

Jeune femme palestinienne, Bethléem, Cisjordanie.

15 *juillet*

Les grands résultats viennent à partir du moment où on ne les cherche pas.

Retour du marché de Rissani, vallée du Tafilalt, Maroc.

16 juillet

Non seulement je ne crains pas de mourir, mais je pense que mourir, c'est voir ce qui a été édifié.

Retournement des morts à Ambatolampy, Madagascar.

17 juillet

La culture est-elle pour tous ?

Sûrement, lorsqu'elle fait entendre au secret du cœur de chacun l'interrogation : « Et les autres ? »

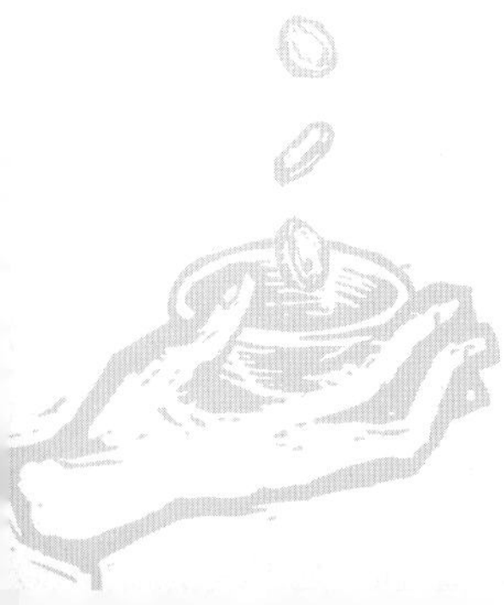

École primaire à Korhogo, Côte-d'Ivoire.

18 *juillet*

Saint Vincent de Paul disait : « Les pauvres sont nos maîtres. » Il serait plus juste de dire que le pauvre est l'instrument par lequel nous vient la connaissance.

Village de Fakaha, région de coton, Côte-d'Ivoire.

19 *juillet*

« Servir avant soi qui est moins heureux que soi. Servir en premier le plus souffrant. » Cette loi doit animer toute recherche de justice et de paix entre les hommes.

Consultation à la polyclinique intercommunale, province de Ha-Bac, Vietnam.

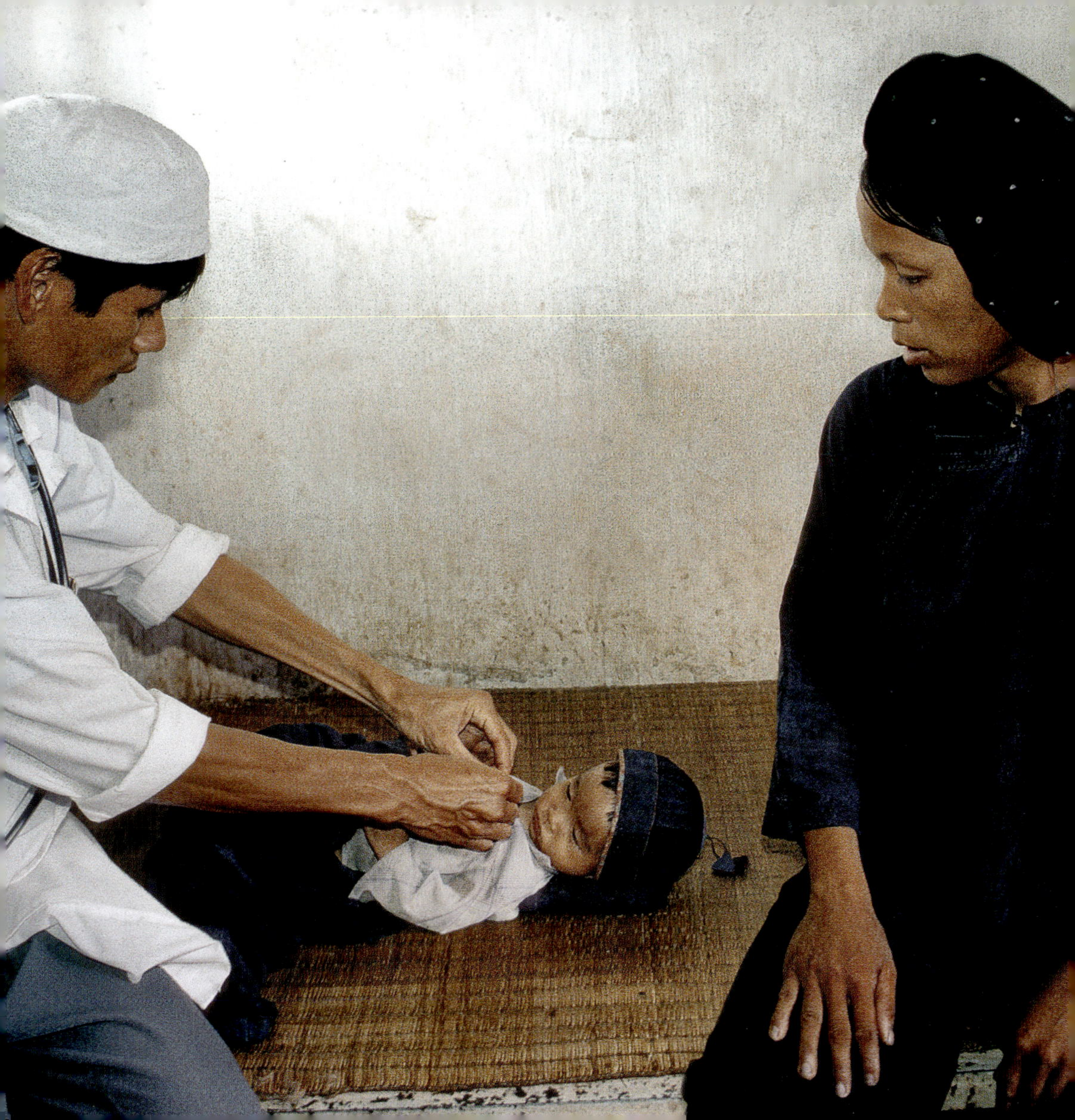

20 juillet

Le pauvre ne devient capable de percevoir l'amour de Dieu que s'il est aimé par des humains. À partir de cette réalité-là, il pourra en venir à penser que Dieu l'aime jusque dans sa détresse.

Île du Mozambique.

21 juillet

Donner sa vie, c'est donner tout ce qu'on est, alors ce n'est plus nous qui aimons, c'est le Christ qui par nous aime et se donne. Et l'on n'aura jamais tout donné tant que le Seigneur ne nous aura pas tout pris.

Mise au tombeau du XVIe siècle
dans la chapelle du château de Commarin, Bourgogne.

22 *juillet*

La colère est parfois nécessaire non pas dans le but de détruire mais pour marquer une limite, pour affirmer une vérité pour le bien de tous, et pour son bien propre.

Femme berbère, Moyen-Atlas, Maroc.

23 juillet

Les statistiques sur la croissance, les sondages sur la reprise économique ne servent à rien si nous ne sommes pas capables de ces minima d'amour envers les autres. Ces minima d'amour mis bout à bout, c'est le partage.

Marché à Korhogo, Côte-d'Ivoire.

24 juillet

Le sens de ma vie m'est apparu quand j'ai vu mon père bon bourgeois faire le coiffeur pour les clochards le dimanche matin. Quand j'ai vu qu'il se soumettait aux caprices de ces messieurs qui sentaient mauvais et qu'il les servait comme s'ils étaient des ministres, j'ai compris que l'amour seul peut réaliser l'impossible.

Père et fils chez le coiffeur
à Chichicastenango, Guatemala.

25 juillet

La justice ne peut s'exercer que lorsque l'on est pleinement conscient de l'amour qui a besoin de l'autre.

Sourire dans les rues de Djenné, Mali.

26 juillet

Aimer, ce n'est ni se pencher sur l'autre, ni l'attirer à soi, c'est s'aider réciproquement à être soi-même.

Musiro (masque de beauté), île du Mozambique.

27 juillet

Rectifier ce qui abîme les relations avec les autres pour que l'autre puisse s'améliorer et entrer en relation à son tour.

Grande mosquée de Djenné, Mali.

28 juillet

Des enfants m'ont posé la question : « Aimer pour toi, qu'est-ce que c'est ? » Je crois que je ne finirai jamais d'y répondre.

L'Abbé Pierre et dom Hélder Câmara, Brésil, années 1960.

29 juillet

Nous connaissons le mécanisme de la vie dans l'intimité même de la matière, mais nous ne progressons pas dans la connaissance de l'Indicible et du pourquoi. La Vérité ne se mesure pas en examinant la petitesse des atomes. À vouloir écouter la musique avec les yeux ou respirer les couleurs, ou entendre les parfums, l'on peut sincèrement enseigner que n'existent ni musique, ni couleur, ni parfum. Mais on se trompe.

Petit orchestre d'enfants des rues au marché d'Asabotsy à Antsirabé, Madagascar.

30 juillet

La misère juge le monde.

Hôpital de brousse de Humera,
frontière Érythrée-Soudan, Éthiopie.

31 juillet

Nous devons favoriser, avant qu'il ne soit trop tard, un sursaut du cœur et de la raison.

Retour des rizières, Vietnam.

1er août

Il faut, un jour, avoir été ébloui par la splendeur du monde, ne plus pouvoir se passer de ces moments prodigieux, savoir les retrouver et s’en souvenir.

Oasis de Sidi Boubker, au sud de Rissani, Maroc.
Double page précédente > Retour de marché, dernier jour de l’Aïd el-Kebir à Rissani, Maroc.

2 août

Nous sommes une humanité condamnée au temps libre. Cela peut être une merveille ou une malédiction. Si le temps libre permet d'exister, d'avoir une plus grande communication avec les autres, il peut constituer une richesse supplémentaire.

Mariage dans le village de Suwar,
près de Deir ez-Zor, Syrie.

3 août

La sagesse, ce n’est pas ne pas faire de sottises. C’est recevoir le goût de savourer. Parce que c’est bon d’aimer.

Bombay, Inde.

4 août

Les parents sont bouffés par leurs soucis, leurs responsabilités. Que de temps en temps, les enfants se disent: « C'est à nous de les éduquer. Papa, on perd cet après-midi pour aller au bois. »

Potier à Nefta, dans le Chott el-Jérid, Tunisie.

5 août

Nous sommes tous hommes d'une seule et même Terre.

Transvaal, Afrique du Sud.

6 août

L'homme n'est pas libre d'aimer ou de ne pas aimer. Il est libre pour aimer.

Anse de la Grande-Saline
à Saint-Barthélemy, Antilles françaises.

7 août

Dans la prière, je me débarrasse de l'accessoire.

Les vêpres à l'abbaye
Notre-Dame des Gardes, Maine-et-Loire.

8 août

Je suis un homme de passion.

L'est-on jamais suffisamment ?

L'Abbé Pierre avec des compagnons d'Emmaüs
à Santiago du Chili, 1960.

9 août

Oh ! ne nous lassons pas de le redire : c'est de voir les autres communier personnellement à sa peine que celui qui peine, d'abord, a soif.

Coupeur et porteur dans une plantation d'ananas à Bareta-Spadi, Côte-d'Ivoire.

10 août

L'amour est total. Nulle limite ne lui est supportable. L'amour est, à sa façon, global ou bien il n'est plus que mutilation, et bientôt tout trébuche.

Mariage hindou au temple Sri Mariamman, Singapour.

11 août

Quand la paix n'est pas guerre à la misère, elle n'est que fausseté.

District de Bao-Thang, province de Lao-Cai, Vietnam.

12 août

La santé d'aucun peuple ne saurait se fonder sur la domination d'un autre peuple.

Service pédiatrique de l'hôpital d'Antsirabé, Madagascar.

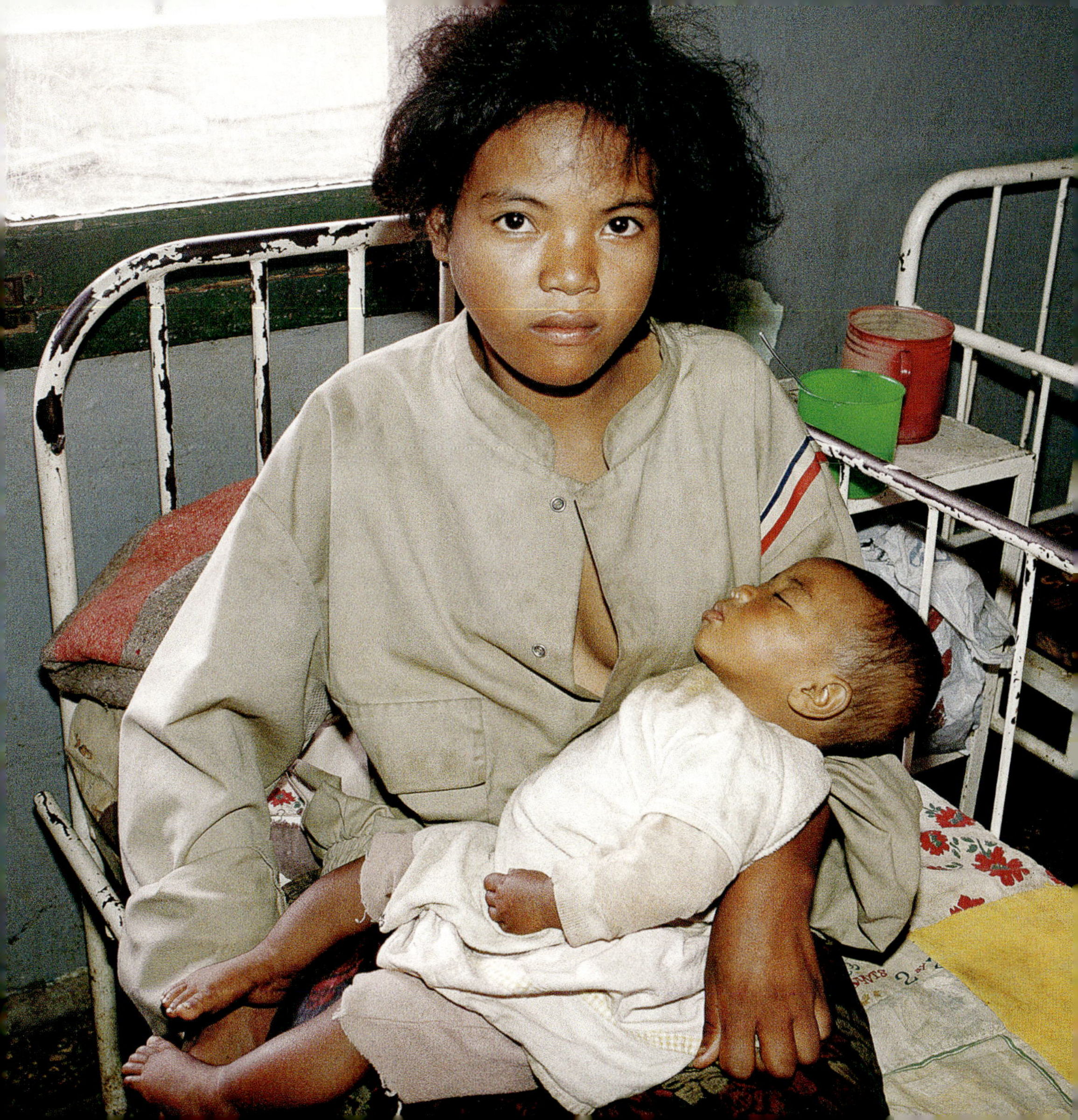

13 août

L'Éternel, c'est ce Tout-Puissant « risquant sa gloire » pour le respect de l'homme. Oui, Dieu seul respecte l'homme à ce point. Dieu est créateur de liberté !

La Transfiguration de Théophane le Grec (XVe siècle), musée Tretiakov à Moscou, Russie.

14 août

La paix est un accomplissement, une perfection.
Nous ne pouvons que la rechercher, la poursuivre et la rêver.

Femme peule, Saint-Louis, Sénégal.

15 août

Il y a deux chemins qui déterminent le passage à l'action. L'un dépend de Dieu : la grâce ; l'autre dépend de nous : la contagion. La grâce est cette nécessité intérieure d'aller vers l'autre en abandonnant nos propres intérêts. La contagion provient d'une rencontre.

Île du Mozambique.

16 août

Tu es aimé et, par ta liberté, tu es capable à ton tour d'aimer.

Mariée à Kairouan, Tunisie.

17 août

La culture interpelle l'exclu comme l'exclu interpelle la culture. L'éveil de l'exclu apporte à la culture cette évidence qu'elle n'est réelle que si elle inclut les exclus. La culture apporte au défavorisé un escabeau pour s'ensortir.

École primaire à Kairouan, Tunisie.

18 août

Et Dieu nous dira : « Merci parce que tu as vécu en aimant, tu as contribué à me rendre croyable comme Amour, malgré tout ce qui dans la nature et dans l'histoire tend à le nier. »

Rio Rosario, village de Santa-Maria, Colombie.

19 août

Du point de vue de la vie spirituelle, le fait d'avoir ou de ne pas avoir un compte en banque ne fait pas le pauvre. On peut avoir un compte en banque et être un pauvre de cœur, par la pleine conscience d'être débiteur de tout ce que l'on a et de tout ce que l'on est.

Coiffeur à la gare routière d'Adjamé, Abidjan, Côte-d'Ivoire.

CAFARD
Nº 2
MODE
GHANA
ORDINAIRE
MODE
YEYE
FRO CHINE
KIDEF BIO-LISS IMEDIA STIFF

20 août

On veut avoir sans être. Quand on a toutes les sécurités, on peine à s'en détacher et à passer de l'avoir à l'être. Le détachement du cœur est un exercice difficile qui demande une conversion, quel que soit notre statut social.

Bédouins à Raqqa, Deir ez-Zor, Syrie.

21 août

N'oublions pas que nous avons deux yeux. Il faut avoir le courage d'avoir un œil ouvert sur la misère et l'autre sur la beauté des êtres et du monde.

Jeune fille ibadite à Saint-Louis, Sénégal.

22 août

Celui qui ne perd pas de temps pour regarder les fleurs, les étoiles ou le sourire d'un enfant ne tiendra pas le coup. Ça cassera.

Santa-Catharina, Guatemala.

23 août

La paix émerge de l'amour, ils n'ont plus peur du lendemain et vivent sans le savoir de la grâce de Dieu.

Après une inondation, près d'Angkor Vat,
Siem-Reap, Cambodge.

24 août

La solidarité vient par contagion, nul besoin alors de faire des discours aux enfants pour les amener à être solidaires.

Village de Tenguélan, pays Agni, Côte-d'Ivoire.

25 août

La peur crée des situations d'affrontement et d'exclusion. Parfois, un bon coup de gueule remet les choses à leur place. Je ne vois pas ce qu'il y a de vicieux à se mettre en colère pour défendre les sans-abri ou les sans-papiers.

Tonlé Bati, Cambodge.

26 *août*

Si nous ne partageons pas, nous ferons pousser la violence. Il reste à trouver des gestes généreux plus féconds que les décisions de guerre.

Le café bleu à Ouarzazate, Maroc.

27 *août*

Nous avons inventé les technologies les plus extraordinaires, nous sommes capables d'examiner les cailloux de la planète Mars et nous ne sommes pas fichus de vivre le balbutiement de la solidarité.

Marché de Tananarive, Madagascar.

28 août

Mon père était juste, conscient que sa situation personnelle, il ne devait pas la garder que pour lui seul et pour sa famille. Il partageait de ce qu'il était avec les plus pouilleux, pour que par ce partage ces hommes se sentent un peu plus dignes d'être aimés et peut-être d'aimer à leur tour leurs frères de rue plus en détresse qu'eux.

Tamessoult, djebel Rhart, Maroc.

29 août

Aimer, c'est avoir besoin de la complémentarité de l'autre, même s'il est un clochard qui sent des pieds, ne pas se considérer comme un tout à soi tout seul.

Mali.

30 août

Je souhaite aimer de plus en plus, c'est-à-dire élargir mon cœur pour y faire entrer plus de gens, plus de misères, de couchers ou de levers de soleil ou de lune, d'odeurs…

Le lac Onega et l'église de
la Tansfiguration, Carélie, Russie.

31 août

La justice est un équilibre entre être et avoir.

Marchande chinoise à Taipa, Macao.

1er septembre

Il faut être passionné pour réussir sa vie!

Porte sculptée dogon à Dakar, Sénégal.
Double page précédente > Briqueterie artisanale à Kairouan, Tunisie.

2 septembre

Si vous entrez dans la vie avec la volonté d'être heureux, dans le service compétent, qualifié, efficace du bonheur de tous, oh ! alors vous êtes enviables d'avoir vingt ans aujourd'hui.

Île de Kiji sur le lac Onega, Carélie, Russie.

3 septembre

Avec la menace de la destruction de la planète, avec la mondialisation de l'économie, un autre type d'homme est né. À ceux qui sont au seuil de l'âge adulte, je dis: «Allez-y. Prenez vos risques!»

École coranique à Djenné, Mali.

4 septembre

Nous naissons dans l'illusion. Le tout de la vie, à mesure qu'on avance dans tous les domaines, c'est de sortir de l'illusoire.

Rituel du bain des statuts bosons au village de Kangandissou, région Agni-Morofoué, Côte-d'Ivoire.

5 septembre

Le service est un moyen de se remettre debout. C'est ce qui donne tout son sens au travail et à notre vie. C'est ce qui fait d'un être une personne, c'est-à-dire une relation d'amour.

Ateliers de l'usine FMC à Sens, Alsace.

6 septembre

Tu pourrais connaître toute la science des bibliothèques du monde entier sur Dieu, tu aurais des idées de Dieu, tu n’en aurais aucune connaissance.

Antiphonaire cistercien fait à Melleray en 1871
à l’usage des chantres dans la bibliothèque
de l’abbaye Notre-Dame de Melleray, Loire-Atlantique.

7 septembre

La beauté d'une ville, la beauté d'une nation n'est pas dans ses jardins, ses théâtres, ses musées ni même dans ses cathédrales. Elle est de ne pas avoir de taudis. Elle est de ne pas avoir de désespérés.

Le village de Letitia, à la frontière amazonienne, Colombie.

8 septembre

Seigneur, puisque je suis si lâche, ah ! c'est clair, il faut que j'aime cent et mille fois davantage.

L'Abbé Pierre au milieu des jeunes
d'un camp au Danemark, 1969.

9 septembre

Un bateau sur un fleuve est certes poussé par le courant, mais si l'on ne veut pas être entraîné par ce courant, il faut conduire la force du fleuve et ramer.

Île des Indiens Kunas, entre le Panamá et la Colombie.

10 septembre

Travaillez pour devenir compétents. Le monde n'a que faire d'amateurs, même les plus généreux. Luttez pour acquérir le maximum de capacités.

Jeunes couturiers au marché de Man, Côte-d'Ivoire.

SINGER

11 septembre

Aimer, c'est sortir de soi pour exister en tous les autres, pour être enfin à sa place, en l'Éternel qui seul est sans limites, en qui seul l'on se trouve aimé assez et aimant assez, en plénitude illimitée. Hors de là, tout est trop peu.

Dans les jardins du monastère
de Stretenka à Moscou, Russie.

12 septembre

Les dons de soi ou de ses biens qui, chaque jour, se manifestent ici ou là, ne prouvent-ils pas qu'on peut espérer sans être des illuminés ? Plus que jamais, agissons donc.

Fête de la chandeleur à l'abbaye Notre-Dame de Tamié, Savoie.

13 septembre

La paix, c'est aimer. Ou bien cela n'existe pas.

Dans le ksar Igoulmimen
du village de Goulmina, Maroc.

14 septembre

J'entends le Christ nous dire : «Fais-toi le miséricordieux ! Le cœur qui partage la misère des autres ! Alors ma miséricorde pourra ruisseler à travers le monde, à travers la tienne, en plein respect de l'homme. Et en donnant à l'homme toute sa grandeur.»

Vue aérienne de la mine d'opales
de Cooper Pedy, Australie.

15 septembre

L'amour seul peut combler le vide laissé par l'élimination des mouvements psychologiques négatifs ou violents au-dedans de soi.

Tazzarine, Maroc.

16 septembre

La cathédrale de l'entraide est lente à se construire, mais j'ai la certitude que n'importe quel acte, même minuscule, contribue dans ce sens à sa construction.

Mère et fille préparant le manioc
près d'Abengourou, région Agni, Côte-d'Ivoire.

17 septembre

En participant à la culture, le plus pauvre rappelle qu'elle est un échec quand elle se considère comme l'affaire d'une élite.

Tarhjijt, Maroc.

18 septembre

Le pauvre en tant que tel ne devient pas un maître, mais le livre vivant dans lequel on déchiffre le sens de la vie.

« Vieux croyant » à Novossibirsk, Sibérie, Russie.

septembre 19

Ce n'est pas facile de partager sa gamelle de riz quand on a faim, seul l'amour permet de se dépasser et d'offrir à l'autre ce qui nous est nécessaire.

Partage du déjeuner à Touba, Sénégal.

20 septembre

L'être exclu peut se relever dès l'instant que s'approche de lui un être sans calcul. Alors oui, il devient capable de s'ensortir.

Anougba Akassi, village de Kangandissou,
région Agni-Morofoué, Côte-d'Ivoire.

21 septembre

On peut aimer quelqu'un très intensément sans le connaître. On peut offrir sa vie pour une personne malade à l'autre bout du monde pour que cette personne guérisse. On n'a pas besoin d'une communion physique, une communion de cœur suffit.

Église Saint-Nicolas-des-Tisserands, Moscou, Russie.

22 septembre

Si, pour qu'il n'y ait pas de misère, le Créateur renonçait à donner la liberté, il n'y aurait plus de possibilité d'amour. Cela nous conduit à la contemplation écrasante de l'infinie valeur d'un acte d'amour.

Une Vierge Marie dans l'atelier de restauration d'icônes du monastère Saint-Daniel à Moscou, Russie.

IC XC

23 septembre

Il faut provoquer cette métamorphose en profondeur de l'homme : être plus au lieu d'avoir plus.

Trishaw, Singapour.

24 septembre

La Joie avec un J majuscule, c'est celle qui emplit le cœur lorsque l'on a rencontré la certitude que la vie n'est pas un chemin qui mène à rien.

Nabeul, Tunisie.

25 septembre

Il n'y a pas qu'une Mère Teresa, il y en a des milliers dans le monde. Toute maman qui fait avec amour ce qu'elle a à faire, depuis son lever jusqu'à son coucher, est aussi sainte que Mère Teresa.

Brit mila de la famille Bettach, Val-de-Marne.

26 septembre

L'amour est une valeur absolue. Pour que l'amour soit possible dans toutes les créatures, il faut qu'elles aient la liberté, et la liberté peut entraîner la misère.

Vietnam.

CHUYEN
SẢN XUẤT
XẾP
26
A

27 septembre

Aimer, c'est pardonner d'être fait des autres. C'est se consumer, donner tout ce qu'on est jusqu'à devenir l'autre. C'est ne plus pouvoir dire « je » car on est « tu ».

Mariage malais, Singapour.

28 septembre

La Vérité se saisit au travers de celui qui dit non à l'injustice, et qui par « vrai amour » va à rebours de tout profit pour que soit servi premier le plus petit.

L'Abbé Pierre et le président de l'Union indienne,
Rada Krishnan, Inde, 1962.

29 septembre

Aimer, c'est peut-être parvenir à ce point à s'identifier à l'autre que l'on veut aimer, que tout ce que l'on peut désirer de plus cher pour soi devient tout ce que l'on peut désirer de plus cher pour l'autre.

Mariage hindou au temple Sri Mariamman, Singapour.

30 septembre

La victoire s'obtient aussitôt que, dans cette faim et soif de justice, on décide d'aimer, c'est-à-dire vouloir être plus hors de soi, pas en prenant, mais en servant, en communiant.

La grand-mère et la tante promenant la petite Tonena,
tribu Navajo, Utha-Arizona, États-Unis.

1er octobre

Nous allons vers une humanité différente. On râle, mais on n'y échappera pas, cette humanité sera condamnée à des partages, y compris à celui de la plus grande richesse qui est l'emploi.

Chargement de coton à Ponondougou, Côte-d'Ivoire.
Double page précédente > Méditation après les laudes à l'abbaye Notre-Dame de Melleray, Loire-Atlantique.

2 octobre

Si prier, c'est demander la paix, il ne s'agit pas de la paix des armes, mais de la paix des cœurs, de laquelle dépendra finalement la paix des armes.

Tomeichi Ooka, dernier chef religieux
des chrétiens cachés, bénit la rade d'Ikitsuki, Japon.

3 octobre

Pour moi, l'unique mystère, qui reste une interrogation de toute ma vie, c'est l'énigme de ce que l'on appelle le mal.

Belo-sur-Tsiribihina, Madagascar.

4 octobre

Avec tout l'argent du monde, on ne peut rien faire sans les hommes, mais avec les hommes, on peut tout, y compris de l'argent.

Enfants capturant des grenouilles
dans les rizières près de Hanoï, Vietnam.

5 octobre

Il ne s'agit pas uniquement de donner de quoi vivre, mais de rendre aux malheureux des raisons de vivre.

Mexico, Mexique.

6 octobre

Il serait bon qu'Emmaüs reste comme l'allumette qui, minuscule, peut embraser la forêt. Cela seul importe : que l'étincelle existe.

Col de Steige, commune du Hohwald, Alsace.

7 octobre

La vie éternelle n'est pas après la mort, elle commence ici et maintenant, dans le choix que nous faisons chaque jour ou bien de se suffire à soi-même ou bien de communier aux joies et aux peines des autres.

Cabosses de cacao, région de Sassandra, Côte-d'Ivoire.

8 octobre

Ce siècle, plus qu'aucun autre, depuis longtemps attend son saint François d'Assise pour lui rappeler, en actes, que la vie l'emporte sur l'argent et que l'amour est don avant d'être emprise.

Église en bois à Kondopoga, Carélie, Russie.

9 octobre

Être damné, c'est être seul.

« Fée de la brousse » en pays Agni
près de Bondoukou, Côte-d'Ivoire.

10 octobre

On ne construit pas sans connaître. Et « connaître », cela veut dire « naître ensemble ».

Pêche au bord du lac
près de Yamoussoukro, Côte-d'Ivoire.

11 octobre

La communion des forts et des faibles, pour leur joie réciproque, est pour l'homme la condition de son accomplissement, de son entrée dans la vraie paix.

Chargement de briques en terre sèche à Djenné, Mali.

12 octobre

Au long d'une vie, plus on avance les yeux ouverts, plus on prend conscience que très peu de certitudes existent et que très peu de choses sont réellement importantes. Mais ces rares certitudes et importances, on découvre chaque jour davantage qu'elles sont tout.

Route d'Idlib, djebel Druze, Syrie.

13 octobre

On nous parle d'un temps de la mort de Dieu. Dieu merci ! C'est le temps de la mort de la caricature de Dieu, que nous avions fabriqué à notre image humaine : puissant, donc dominateur.

Temple d'Amon à Louxor, Égypte.

14 octobre

Si la maîtrise de nos pulsions est nécessaire, elle doit tendre vers quelque part et aboutir à quelqu'un. Ce quelque part, c'est l'amour, et ce quelqu'un, c'est l'Éternel qui est Amour !

Le hiéromoine Barlaham et l'icône du fondateur
du monastère Saint-Antoine de Sïsky (1520), Russie.

15 octobre

L'amour unifie sans effacer, il rassemble ce qui est épars, il reconstruit ce qui est cassé.

« Tama », danses réservées aux femmes de la Médina à Dakar, Sénégal.

16 octobre

Tu es là et je suis là. Pour que le « tu es là » et le « je suis là » fonctionnent ensemble, il faut qu'ils soient chacun conforme à l'essence de l'être qui est l'amour. C'est le sens profond de la justice.

Ksar Igoulmimen, village de Goulmina, Maroc.

17 octobre

Même dans les difficultés quotidiennes, les luttes, les souffrances, l'amour donne de la joie.

Hôpital de la Somaïr à Arlit, Niger.

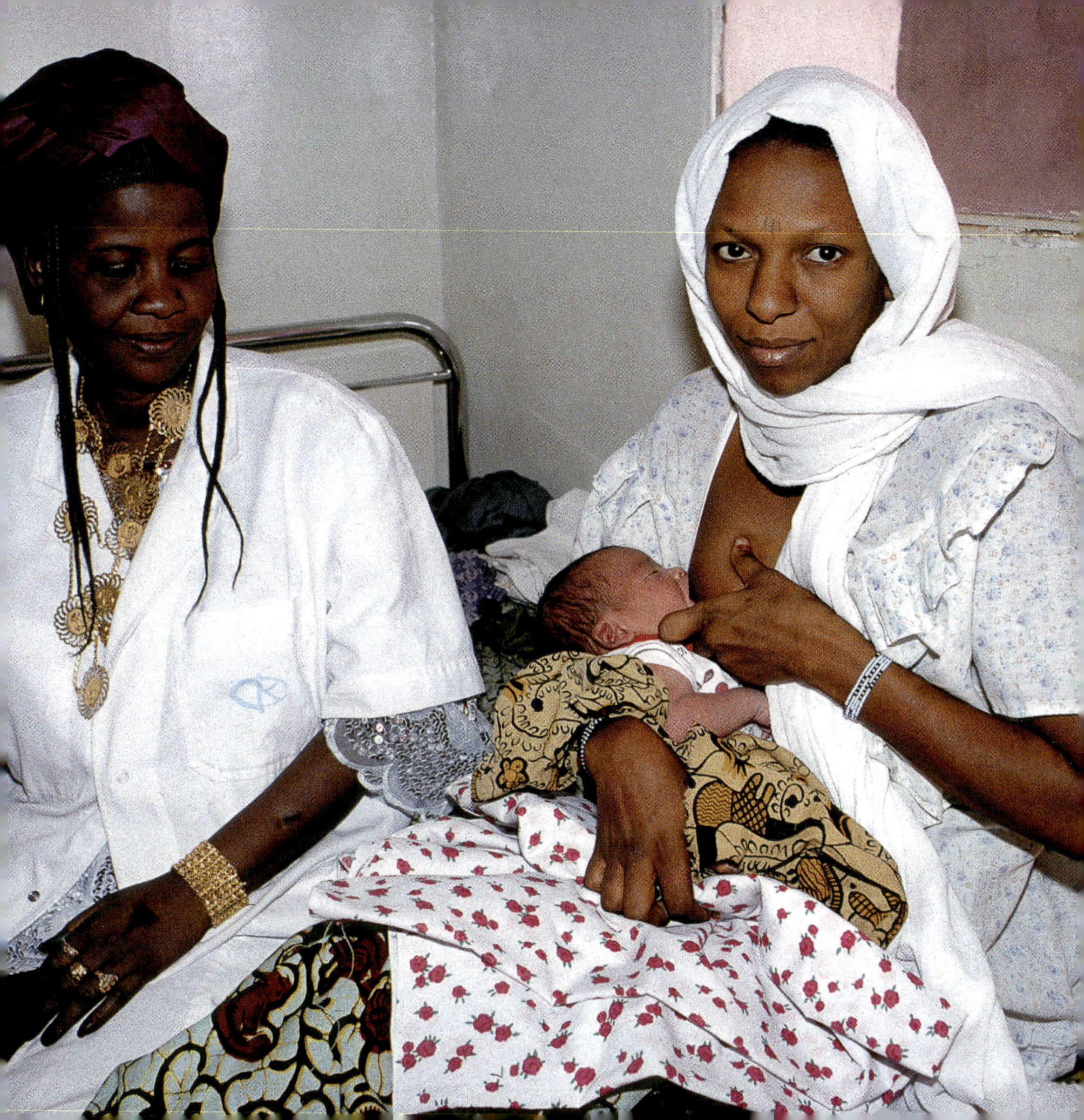

18

octobre

Aimer est un choix, un choix continuel.

Sortie de la messe dominicale,
région Agni, Côte-d'Ivoire.

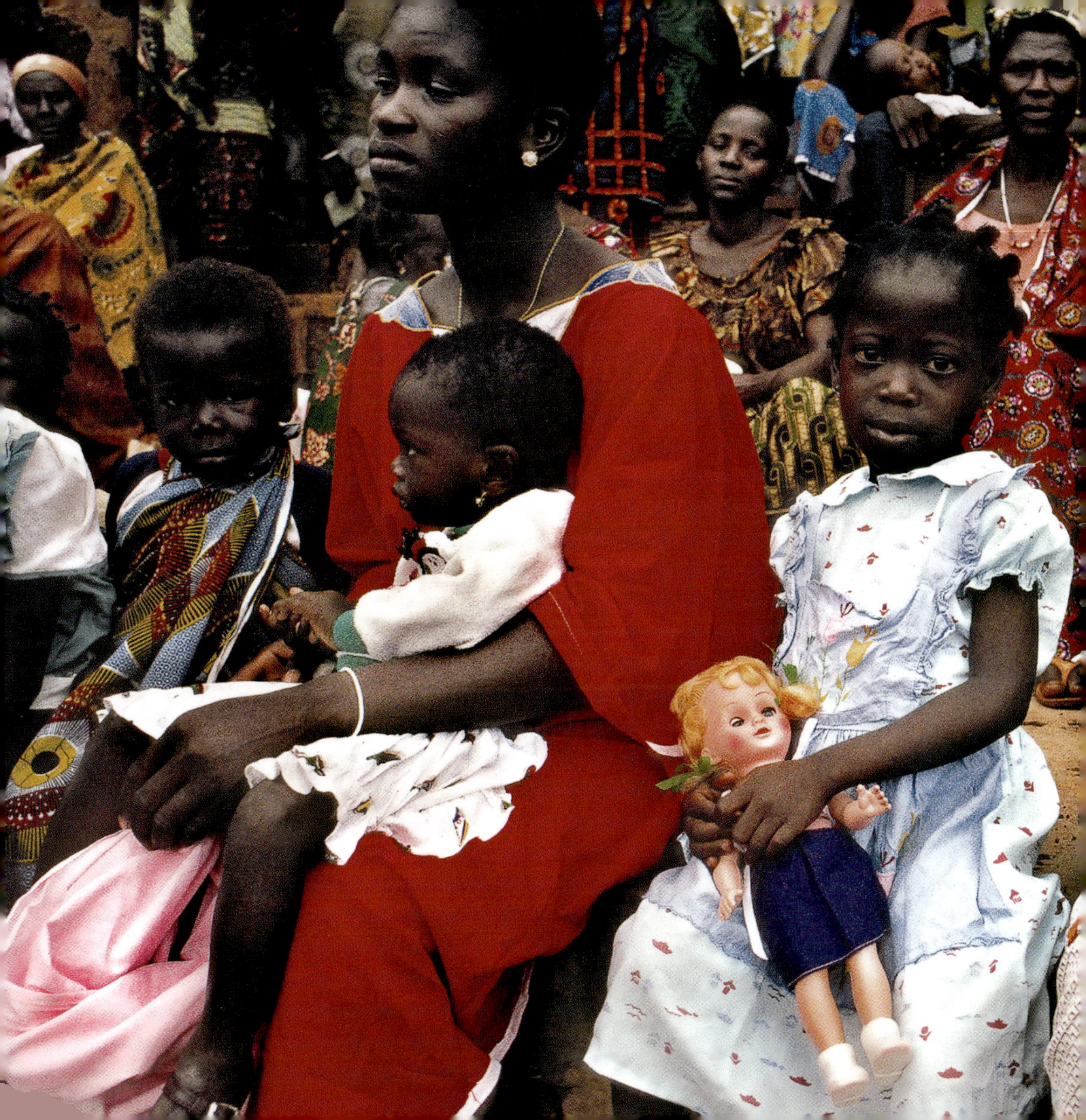

19 octobre

Le monde d'aujourd'hui est un monde de l'avoir et non de l'être. La justice s'applique par rapport à l'avoir et non à l'être.

Atelier de tapis à Kairouan, Tunisie.

20 octobre

L'être, c'est l'amour et le service.

Marché aux moutons, Libye.

21 octobre

Les experts disent que la Terre est un village, alors appliquons à ce village la loi de la fraternité.

C'est une question de vie ou de mort.

En route pour l'école dans le village de Kangandissou, région Agni-Morofoué, Côte-d'Ivoire.

22 octobre

Une loi ne peut s'appliquer avec justice que si le rapport entre les hommes est juste. Si nous voulons uniformiser ces rapports, les égaliser sans fraternité, nous mettons en péril la démocratie

Collège Dar al-Salam à Doura,
près d'Hébron, Territoires palestiniens.

23 octobre

En France, on estime que cinq millions de personnes vivent en dessous du seuil du nécessaire, un sur douze. Soit les onze s'occupent du un qui n'a pas l'indispensable pour vivre, soit les cinq millions feront un jour appel à la force pour que soit imposé l'équitable. C'est ce qui a présidé à l'arrivée au pouvoir des régimes tyranniques.

Pèlerinage de la Saint-Patrick, Irlande.

24 octobre

La consommation, la loi du marché, est appliquée dans le monde entier, c'est la loi de l'injustice, la loi du plus fort !

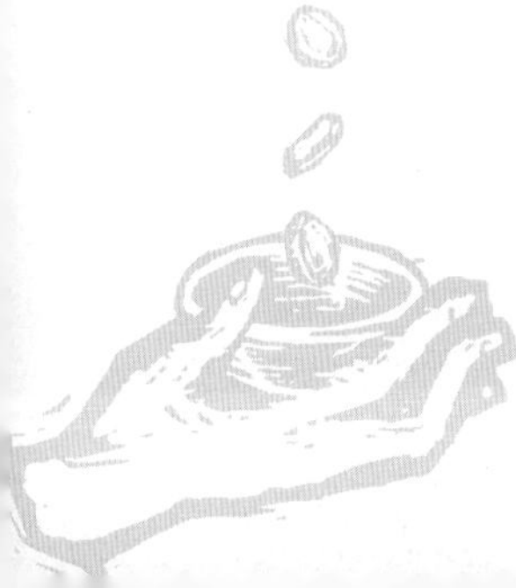

« La machine à coudre et l'enfant »,
région Agni-Morofoué, Côte-d'Ivoire.

25 octobre

La loi dans les communautés Emmaüs, c'est cette foi dans les possibles de chaque homme et la volonté d'aider chacun à construire sa dignité.

L'Abbé Pierre et un compagnon français, années 1980.

26 octobre

Tant que l'amour ne précède pas aux dons matériels, tant que le don de soi d'un assez grand nombre ne précèdera pas l'arrivée du don technologique ou matériel, il n'y aura pas de justice.

Atelier d'icônes à Veliky Novgorod, Russie.

27 octobre

Sans la liberté, l'homme n'est plus l'homme.

Chamelier touareg, région de Ghat, Libye.

28 octobre

Emmaüs m'a fait comprendre concrètement que notre liberté, c'est d'être disponible, avec la voile tendue, dans la bonne volonté.

Pêche à l'épervier sur la lagune à Tiagba, Côte-d'Ivoire.

29 octobre

Aimer est une expérience vivante qu'on ne peut pas enfermer dans des mots. Il n'y a pas de mode d'emploi à recopier car c'est un engagement de tout soi-même.

Phnom Penh, Cambodge.

30 octobre

Il faut s'accepter comme on est, se laisser voir tel qu'on est.

Gorges du Dadès, Maroc.

31 octobre

Pour rencontrer l'autre, il faut assumer une certaine solitude qui est la prise de conscience de son moi, personne ne peut le faire à notre place. La rencontre de l'autre sera d'autant plus riche qu'il aura fait le même cheminement. Cela est vrai au niveau des individus, des groupes sociaux, culturels et ethniques.

Enfants de la campagne autour de Tonlé Bati, Cambodge.

1er novembre

Au jour du Jugement, voyant notre suffisance et pesant notre insuffisance, on nous demandera moins «avez-vous été croyant?» que «avez-vous été crédible?».

« Monastère suspendu au ciel »
dans la vallée du Pénée, Météores, Grèce.
Double page précédente > Retour des matines avec l'icône du fondateur
du monastère Saint-Antoine de Sïsky, Russie.

2 novembre

Mon Dieu, que tant de nuit est dur... Pardon de n'avoir plus de courage. Il y a des jours affreux.

Culte maya à Chichicastenango, Guatemala.

3 novembre

Quand tu souffres, aime plus fort. Aime ceux qui sont dans plus de larmes que toi, et plus seuls en eux-mêmes, et quasi plus inexistants. Il n'est plus pour toi d'autre joie profonde possible.

Tournée de nuit de Médecins sans frontières contre
la tuberculose dans les rues d'Antsirabé, Madagascar.

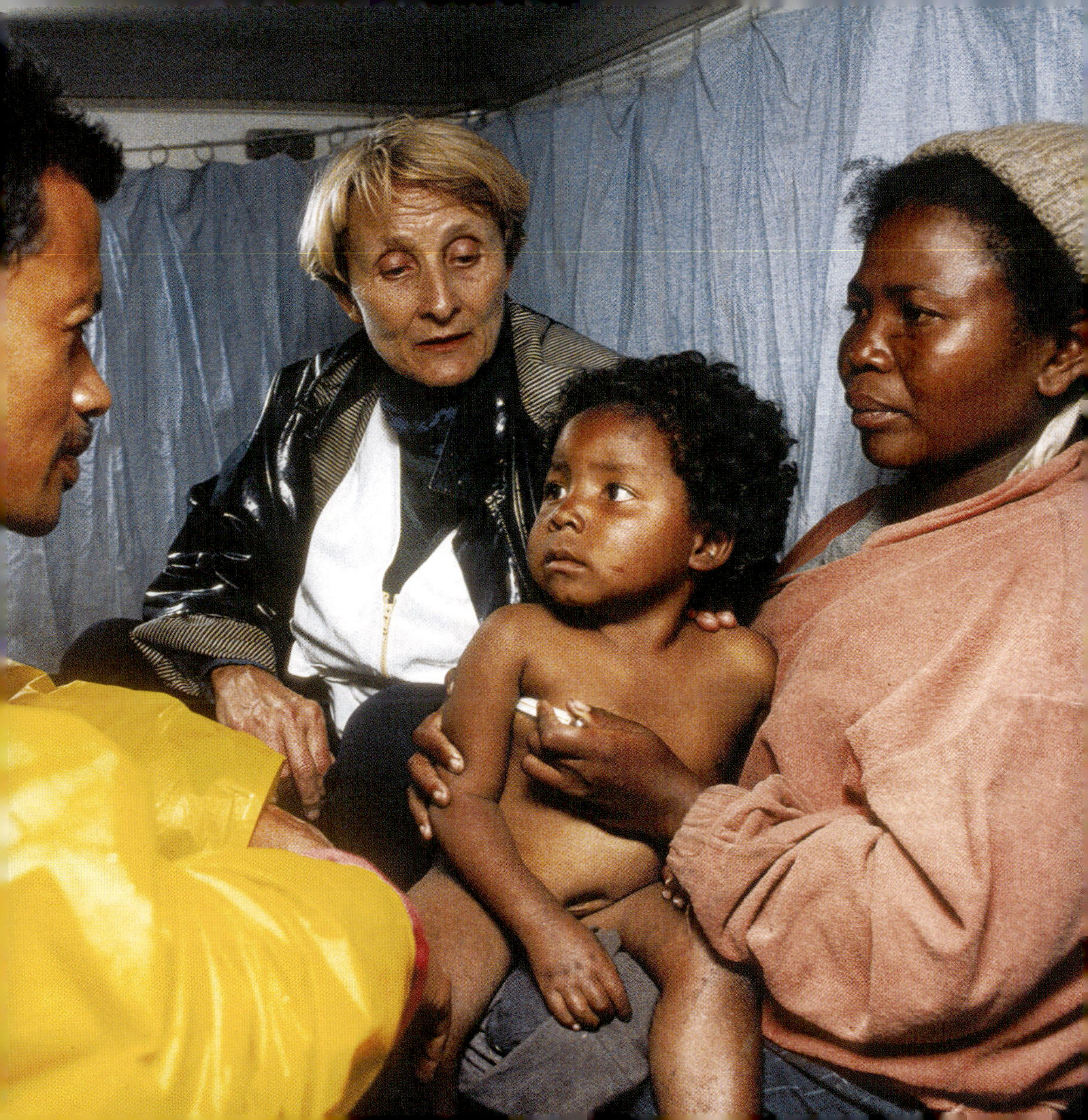

4 novembre

Par sa nature même, la prière d'adoration est éprouvante.

Il y a lumière et il y a ténèbres.

Parloir du couvent des Victimes
du Sacré-Cœur de Jésus à Marseille, Bouches-du-Rhône.

5 novembre

Trop souvent on croit faire le bonheur de l'être aimé en décidant pour lui ; on ne le respecte pas.

Mariage malais, Singapour.

6 novembre

Pendant l'hiver 54, les compagnons se sont solidarisés avec un élan formidable. Eux, les tordus, les cassés, les malfrats se sont mis à tendre la main aux familles sans abris. Tous les soirs jusqu'à deux ou trois heures du matin, on parcourait les rues. Les chiffonniers se sont révélés dans leur dignité. Ils étaient des hommes debout, des frères devenus capables d'aimer à leur tour.

L'Abbé Pierre parlant devant un camion
avec un compagnon faisant le coiffeur en plein air, 1954.

7 novembre

Les bonnes volontés ne remplaceront cependant jamais ce que la société, dans son ensemble, doit accepter : le partage.

Berbères, Maroc.

8 novembre

Deux forces contraires jouent en nous. L'une nous pousse à faire plaisir, ne pas penser à « moi d'abord ». L'autre est une attitude de « tout pour moi », l'idolâtrie du moi. Une sorte d'aimer et d'anti-aimer.

Préparation du corps enduit de kaolin
pour l'*ana* (jour sacré) dans le village de Kangandissou,
région Agni-Morofoué, Côte-d'Ivoire.

9 novembre

Il n'existe pas plusieurs moyens, pour quiconque veut être bon, de voir clair pour agir. Cet unique moyen, c'est, avant d'agir, de se placer à la place de l'autre.

Travaux quotidiens à Djenné, Mali.

10 novembre

Faites équipe entre vous dans ce temps où personne, seul, n'est capable d'avoir assez de compétence.

Sur la route du marché de Chanco,
région du Gojam, Éthiopie.

11 novembre

Le temps présent, tous les jours avec quelque nouvel éclat, se révèle démesure, à nous en faire perdre le sens.

Berger à Merckwiller, Alsace.

12 novembre

Les sociétés ne sont jamais malades de rien d'autre que du dédain des souffrants.

Anémie sévère due au paludisme à Humera,
frontière Érythrée-Soudan, Éthiopie.

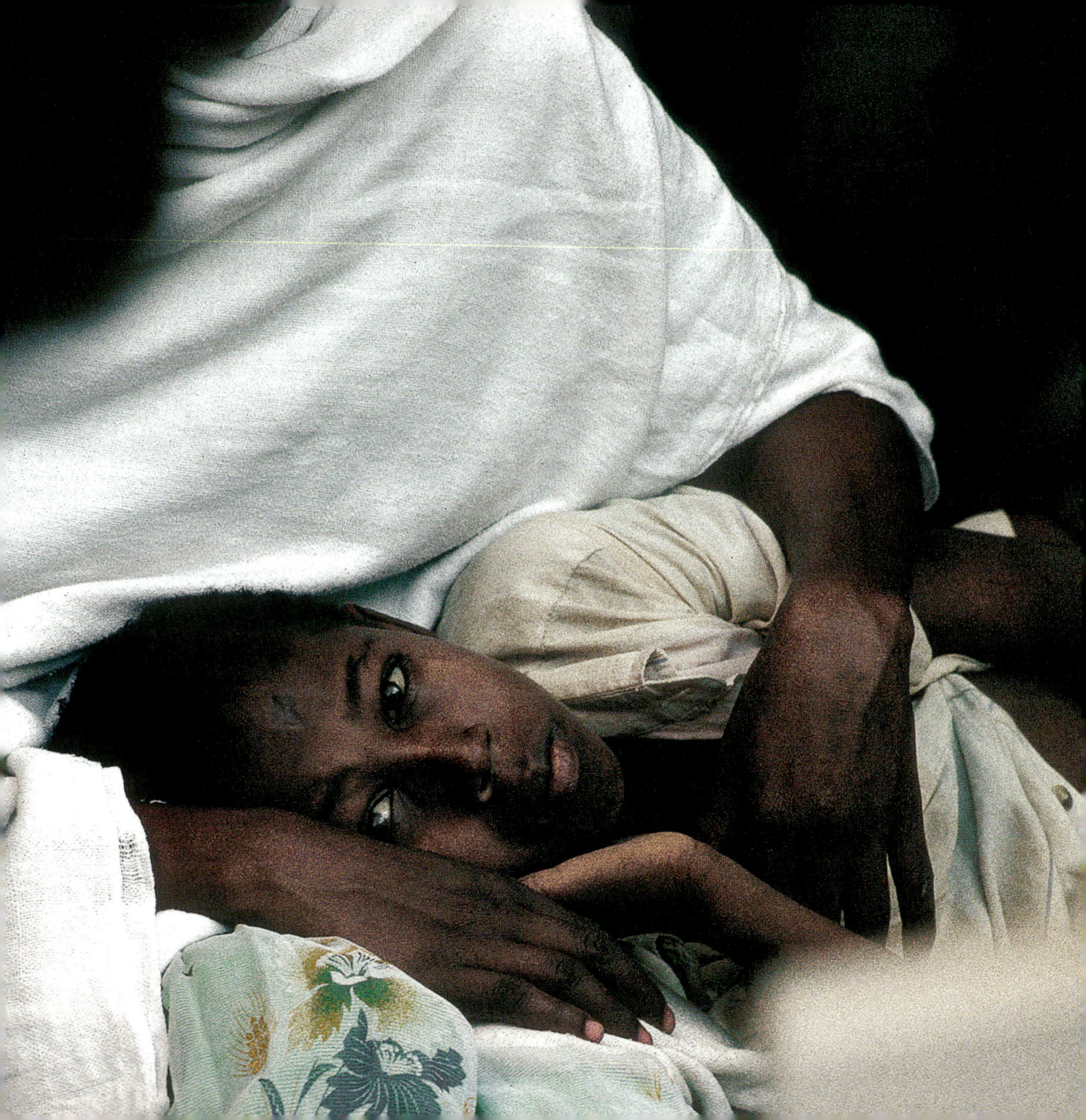

13 novembre

C'est une certitude que nous ne pouvons jamais être réellement heureux que dans le bonheur des autres.

Hiver dans les gorges du Dadès, Maroc.

14 novembre

L'enfer, c'est l'instant de la clarté, de la pleine lumière où chacun se voit tel qu'il s'est fait : suffisant ou communiant. « Tu t'es prétendu suffisant ? Suffis-toi ! », là est la damnation.

Backstage à l'opéra chinois, Singapour.

15 novembre

L'affirmation « Dieu est amour » révolutionne toute la réalité humaine. L'amour n'est pas un concept abstrait, il est l'être même de l'Éternel. L'être traverse toute la création et, s'il n'y avait ni être, ni cause d'être, rien ne serait éternellement. Et l'être, c'est l'amour!

Après les laudes, méditation dans la brume matinale
à l'abbaye Notre-Dame de Melleray, Loire-Atlantique.

16 novembre

Être juste, c'est laisser être l'amour. Et l'amour, c'est l'être de Dieu même ! La justice a sa source dans l'amour de l'Éternel qui est Amour.

Consécration de l'église Saint-Michel
à Goha Tsiyon, Éthiopie.

17 novembre

L’amour est la forme supérieure de la justice.

Quartier malais, Singapour.

18

novembre

La fraternité comme l'amour dans une communauté exige le service, avant soi, de quiconque souffre plus que soi.

L'Abbé Pierre et un sans-logis à Tokyo, Japon, 1993.

19 novembre

Le non-pardon a souvent pour racine l'orgueil. C'est le non-amour. Des vies ont été brisées par des attitudes définitives.

Sultan Bacha al-Atrach, chef de la révolution (1925-1926), djebel Druze, Syrie.

20 novembre

Le ciment de toute construction communautaire, c'est la fidélité à être ce que nous sommes, au sens profond de notre vie ! Pardonner, se pardonner pour dépasser les conflits.

Femmes hmong de la province de Lao-Cai, Vietnam.

21 novembre

Nous sommes tous des aigles blessés.

Fin de journée sur la piste de Djorossou,
région Agni-Morofoué, Côte-d'Ivoire.

22 novembre

Le droit peut juger et condamner, mais l'Évangile ne peut qu'aimer.

Icône de saint Paul au monastère Saint-Andronic à Moscou, Russie.

23 novembre

Il n’est d’interdit que de ne pas aimer.

L’heure du thé dans la famille Yoshimura à Tokyo, Japon.

24 novembre

Vivre durablement dans la justice, dans un sens ou dans un autre, est une affaire d'autonomie et de responsabilisation. Lorsque l'individu est capable de fraternité, il se responsabilise et accepte la justice.

Tinezouline, vallée du Draa, Maroc.

25 novembre

La justice fondée sur l'amour est une conversion à recommencer tous les matins en se réveillant.

Petit matin sur le village d'Aït Ouaritane
dans les gorges du Todra, Maroc.

26 novembre

Tous les jours, des multitudes vivent avec toute leur misère, en se demandant : qu'est-ce que je dois faire ? Pourquoi ? Pour quelle fin ?

Enfants des rues d'Antsirabé, Madagascar.

27 novembre

Humblement, pour accomplir ce que nous sommes, chacun doit faire avec amour et fidélité ce qu'il a mission de faire. En se comportant ainsi, chacun est dans la volonté de Dieu, chacun est juste, chacun participe à l'accomplissement de la loi d'amour, cette sainteté de la candide bonne volonté.

Lutte contre le paludisme à Nazareth, Éthiopie.

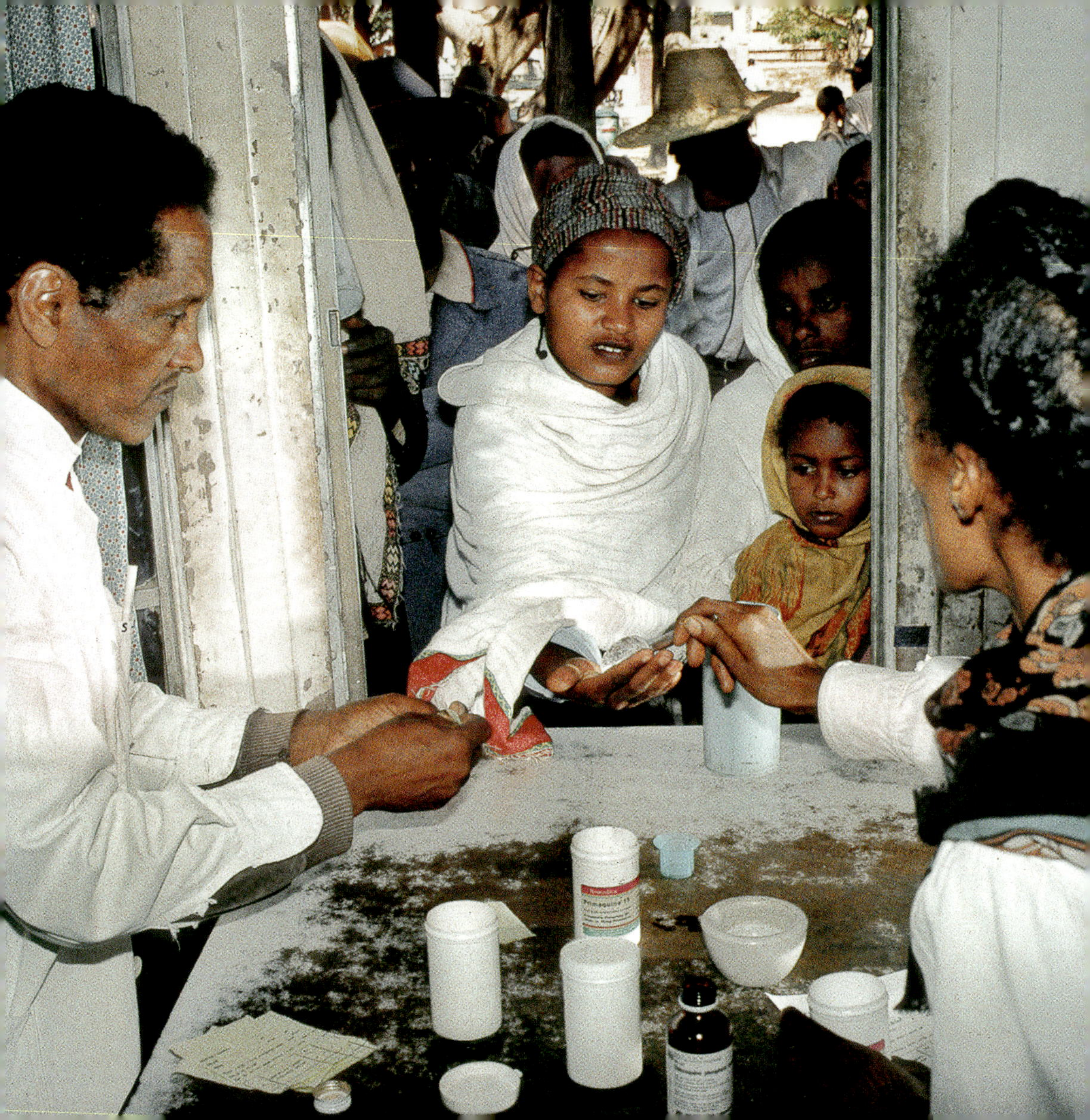

28 novembre

Aimer, c'est un mouvement : ça se cherche, ça se mûrit, ça avance, ça recule, ce n'est jamais fini.

Mariage d'Aude, France.

29 novembre

Ce qu'il y a de plus sacré en l'homme, c'est la liberté. Elle est le moyen divin, irremplaçable, donné par Dieu à l'homme pour être capable d'amour.

Plage d'Assinie, Côte-d'Ivoire.

30 novembre

L'espérance de rencontrer l'Éternel Amour, c'est le moment de l'éblouissement où je me trouverai en présence de l'inconnaissable, à la source de l'amour.

Vatopedi, mont Athos, Grèce.

1er décembre

Le mystère est la seule alternative à l'absurde.

Icône de la Trinité peinte par le père Zenon,
monastère de Pskovo-Pechorsky, Russie.
Double page précédente > Promenade dans la brume matinale
à l'abbaye Notre-Dame de Chambarand, Isère.

IC XC

2 décembre

Gardons au cœur l'impatience de faire. Et l'indignation dans l'action.

Bédouine de Raqqa, région de Deir ez-Zor, Syrie.

3 décembre

On avait jeté les chiffonniers comme on jette un déchet. En récupérant les déchets, ils se récupéraient eux-mêmes, et ce faisant récupéraient les autres ! Ces rebus d'humanité m'ont aidé à bâtir l'impossible parce qu'ils ont retrouvé leur liberté. Sauveurs d'eux-mêmes parce que sauveurs des autres.

L'Abbé Pierre et les participants de l'assemblée générale d'Emmaüs International à Ouagadougou, Burkina Faso, 2003.

EMMAUS INTERNATIONALE
EMMAUS AFRIQUE
EMMAÜS INTERNATIONAL:
EMSEMBLE AGIR, DEN

4 décembre

Si je me mets en colère pour protéger l'autre, pour le délivrer d'une injustice, cette colère révèle mon amour pour l'autre. Elle est une énergie positive.

Kremlin de Pskov, église de Séraphin-Sarosky, Russie.

5 décembre

Si ma vie n'a que moi pour but, je suis dans l'idolâtrie.
Or, l'idolâtrie est vouée à l'échec.

Patients à l'hôpital d'Arlit, Niger.

6 décembre

Les blasphèmes qui montent en multitude de la Terre ne sont pas lancés contre Dieu vrai, contre Dieu amour. Ils sont lancés à la face des faux dieux. Le seul blasphème, c'est le blasphème contre l'Amour

Détail de *La Transfiguration* de Théophane le Grec (XVe siècle), musée Tretiakov à Moscou, Russie.

7 décembre

Dieu est plus grand que tout ce qu'on nous avait appris parce qu'il s'est fait notre prisonnier. Par cela même, l'homme est plus grand que tous ses exploits parce qu'il est fait pour servir.

Culture du riz dans le district de Luc-N'Gan, Vietnam.

8 décembre

Si le grain ne crève pas, n'éclate pas, il ne donne pas de fruits. Il faut que se produise cette perte de soi du grain pour qu'il se trouve multiplié par cinquante grains dans un épi. Dans cette notion, il faut mesurer combien de pertes sont destructrices et combien sont créatrices.

Le vannage à Gdaoun, vallée du Draa, Maroc.

9 décembre

Mettez en vous la passion. N'ayez pas peur de la contemplation qui vous donnera la passion. Cette contemplation, cette adoration devant l'Éternel qui est Amour et vous appelle.

La grande Laure au mont Athos, Grèce.

10 *décembre*

« Sers premier le plus souffrant » n'est rien d'autre que «aimer comme soi-même le prochain».

Malade du paludisme à Adebey-Humera, frontière Érythrée-Soudan, Éthiopie.

11 décembre

La joie intérieure de chaque communauté d'humains n'existe, ne grandit et ne dure que dans l'effort accompli ensemble pour porter les fardeaux les uns des autres, soucieux tous du bonheur de tous.

Adolescent potier à Nefta, Tunisie.

12 décembre

« Tu aimeras », c'est-à-dire tu voudras être plus, non prenant en toi, mais sortant de toi pour tous.

Hôtel Raffles, Singapour.

13 décembre

Le Christ s'est fait homme pour aller à la rencontre de l'homme, il a pris un visage, ne laissant qu'une seule loi : l'amour.

Le Sauveur d'Andrei Rublev (XVe siècle), musée Tretiakov à Moscou, Russie.

14 décembre

Tous les hommes sont connus de Dieu.

Vendredi, sortie de la mosquée
dans la région de Khorogho, Côte-d'Ivoire.

15 décembre

Le non-pardon est une infidélité à l’être.

Il est un manque à la fraternité la plus élémentaire.

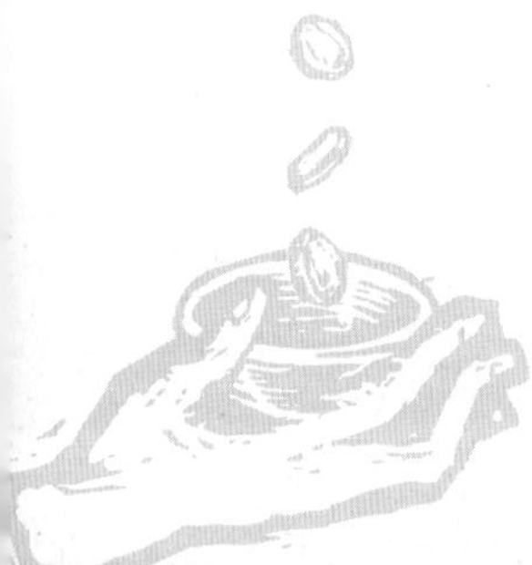

Mouldikht, Tizi-n’Test, Maroc.

16 décembre

La respiration de l'Amour est comme ce que disent les mystiques : un murmure, une brise, le souffle d'un baiser du Père.

Brume matinale en Bourgogne.

17 décembre

Un seul commandement nouveau : aimez !

Une seule loi : « Aimez-vous les uns les autres ! »

Intercession de la mère de Dieu peinte par le père Zenon,
monastère de Pskovo-Pechorsky, Russie.

18 décembre

Aimer, c'est la rencontre de l'autre avant la Rencontre.

Jour de mariage à Tozeur, Tunisie.

19 décembre

Le mouvement d'amour n'a pas de limites. Il tient en éveil, invite à écouter, à essayer de comprendre, à prendre les moyens pour que chacun, individuellement et avec tout son monde de relation, soit reconnu et prenne sa place dans le dialogue avec les autres.

Moussem à Tarjijht, Maroc.

20 décembre

L'amour est comparable à la vie, il est comme la respiration du cœur. Quand on aime, on peut tout voir et tout entendre.

Jardin du temple Koto-in-Zen à Kyoto, Japon.

21 décembre

La souffrance peut être reçue soit comme un obstacle, soit elle permet de trouver le moyen de développer le véritable amour. Quand l'autre souffre, si j'aime, j'ai mal avec lui, et avec lui je lutte pour guérir ensemble.

Campagne contre le paludisme
à Adebey-Humera, Éthiopie.

22 décembre

Par nature, le mouvement de l'amour est contagieux.

Sexte à l'abbaye cistercienne
Notre-Dame de la Maigrauge, Suisse romande.

décembre 23

Tant que nous ferons de la charité à bon marché en donnant de notre superflu, tant que nous ne nous donnons pas nous-mêmes nous sommes aveugles, nous ne sommes pas dans le cœur.

Village de Tenguélan, pays Agni, Côte-d'Ivoire.

24 décembre

L'essentiel, c'est de comprendre que Dieu n'est pas dans le ciel, il est dans le pauvre type qui te parle en ce moment. Le Christ est incarné dans ce voyou, ce voleur, ce menteur. La gloire de Dieu est incarnée en toi qui écoute et moi qui te parle. Derrière le visage du lépreux, il te regarde.

Musicien-conteur à Tahanaoute, Maroc.

elf

25 décembre

La vie, c'est un petit peu de temps, ouvert à l'appel et à l'aide du souffle spirituel de l'Éternel Amour, pour apprendre à aimer pour le toujours de l'au-delà dutemps.

L'Abbé Pierre avec les familles de Pomponne, Noël 1953.

26 décembre

Oui, que vienne le temps où chacun saura que vivre, c'est aimer, et qu'aimer, c'est servir en premier le plus souffrant.

Province de Ha-Bac, Vietnam.

USA

27 décembre

Qu'importent les formes, qu'importent les forces, pourvu que nous persévérions sur ce chemin de miséricorde.

Djebel Tadrart, vallée du Draa, Maroc.

28 décembre

Sur ma tombe, j'aimerais que l'on inscrive : IL A ESSAYÉ D'AIMER. IL A ESSAYÉ D'AIMER L'ÊTRE.

Cimetière du comté de Wicklow, Glendalough, Irlande.

Here lieth the Body
of Hugh Healy
Depd March 9th 1791
Agd 72 yrs Also his
Son Depd Oct 17th
1774 Agd 23

29 décembre

Dieu : je n'ai que lui.

Pèlerinage à Lourdes.

30 décembre

Ce dessin résume toute mon espérance.

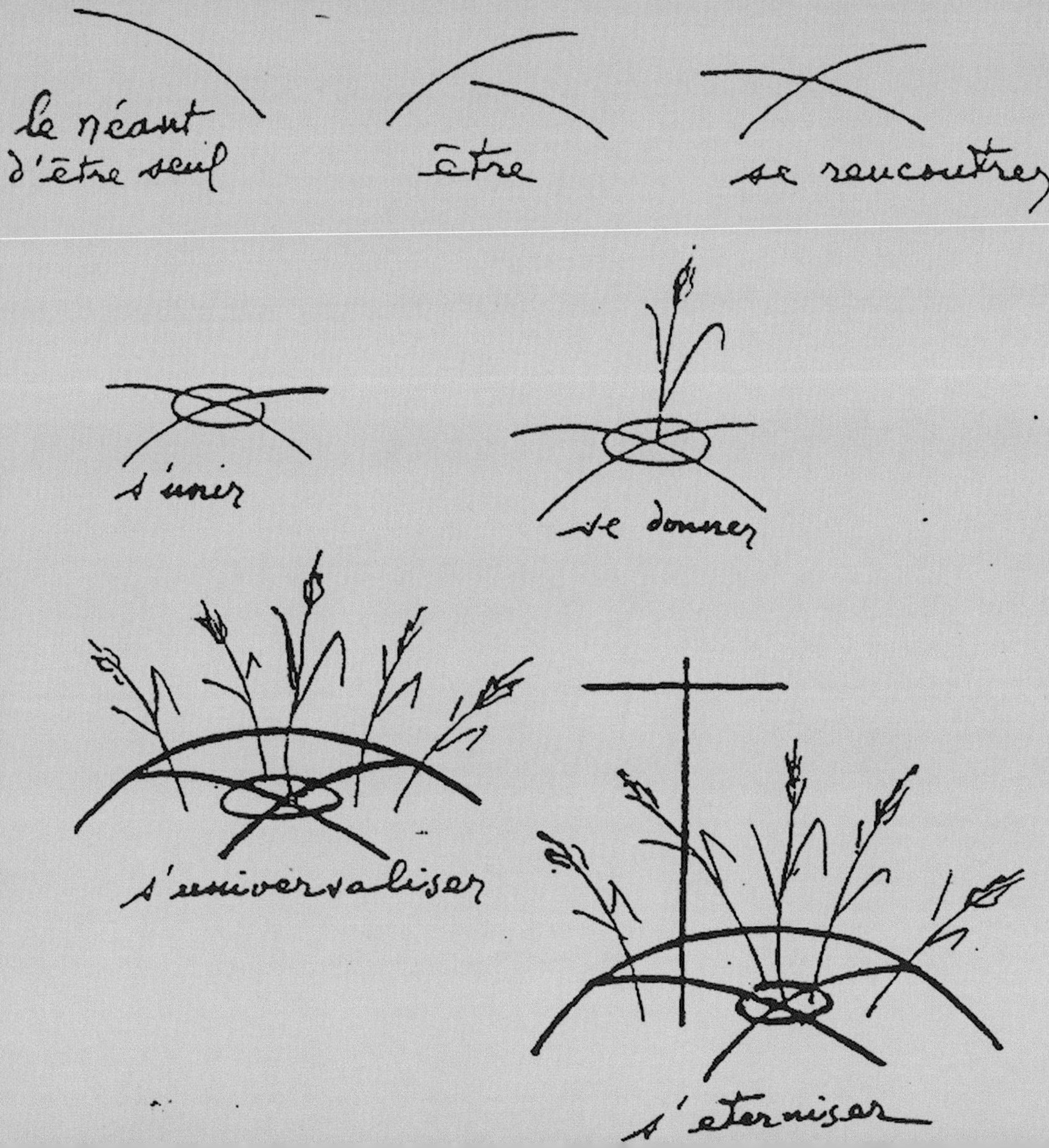
le néant
d'être seul
être
se rencontrer
s'unir
se donner
s'universaliser
s'éterniser

31 décembre

Allez et accomplissez chacun votre mission!

Ainsi l'Abbé Pierre terminait-il chaque jour la célébration de la messe.

Prenons-le au mot…

Monique, aide-soignante aux Genêts,
unité de long séjour gériatrique à Nevers, Nièvre.

... ce n'est
pas nous
qui faisons
le vent ...

... mais de nous
il dépend
que soit tendue
la voile ...

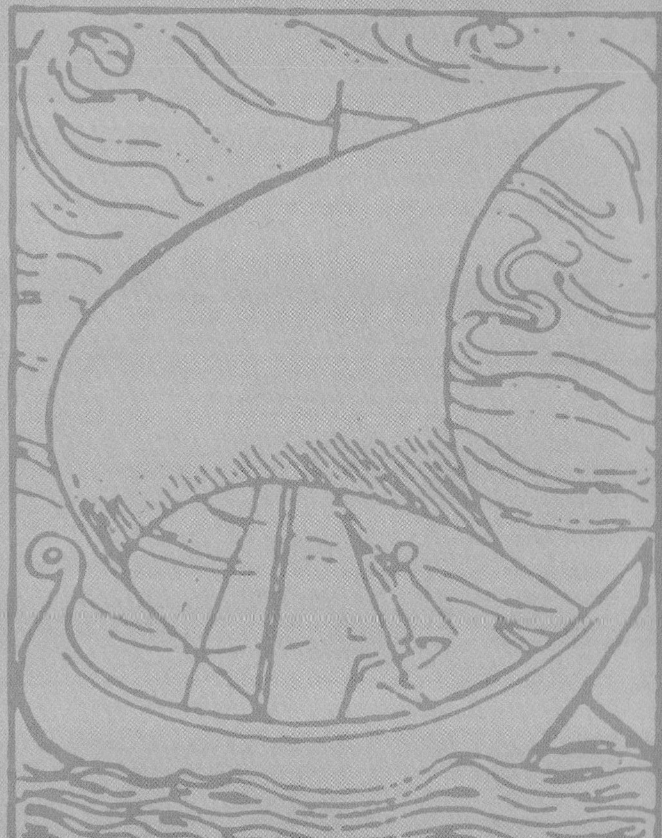

Dessin de l'Abbé Pierre © Emmaüs International.

Le nom et la vie de l'Abbé Pierre restent indissociables de son œuvre la plus emblématique : le mouvement Emmaüs qu'il a fondé en 1949, aujourd'hui présent dans 36 pays sur 4 continents. L'Abbé Pierre a fondé dès 1971 l'association Emmaüs International pour poursuivre son action partout dans le monde et, à la fin de sa vie, l'a instituée son légataire universel.

L'Abbé Pierre et Emmaüs

Pour toute information concernant
l'Abbé Pierre et le mouvement Emmaüs:

Emmaüs International
47, av. de la Résistance
93104 Montreuil cedex
Tél.: (33) 0141582550

www.emmaus-international.org

Diplômé des Arts décoratifs de Paris, Olivier Martel, photoreporter, collabore à de grands magazines nationaux et internationaux dont *Géo*, *Le Figaro Magazine*, *Grands Reportages*, etc. Ses photographies, diffusées par Corbis et Akg-images, ont fait l'objet de plusieurs expositions, notamment « Icônes et Orthodoxie en Russie » à l'arche de la Défense, « Berbères » et « Touaregs » à Anvers, et « Visa pour l'Image » à Perpignan.

Le photographe

Du 8 mars au 15 juin 2011, des photos tirées de son livre *Femmes éternelles* (Éd. Philippe Rey), avec Éric Fottorino, ont été exposées sur les grilles du Sénat à Paris. Il est également l'auteur, entre autres, de *Sur les routes du sacré en France*, avec Catherine Guigon (Presses de la Renaissance), de *L'Âme cistercienne* (Éditions du Chêne) et de *L'Âme russe* (Éd. Philippe Rey), avec Dominique Fernandez, de l'Académie française.

www.olivier-martel.com

Dans la même collection

Épuisé

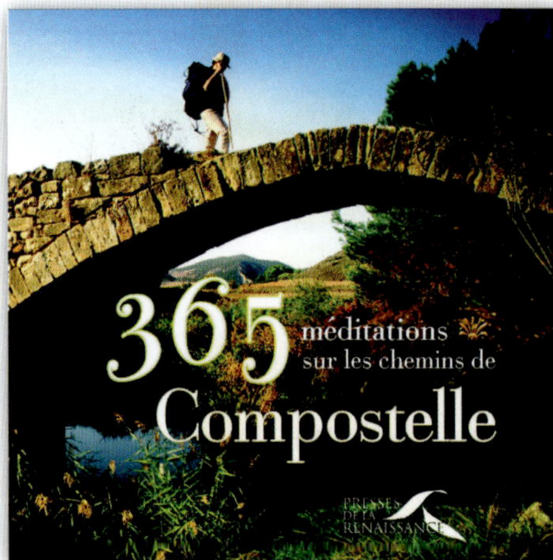

Épuisé

365 méditations sur les chemins du bonheur
PRESSES DE LA RENAISSANCE

365 méditations quotidiennes du Dalaï-lama
PRESSES DE LA RENAISSANCE

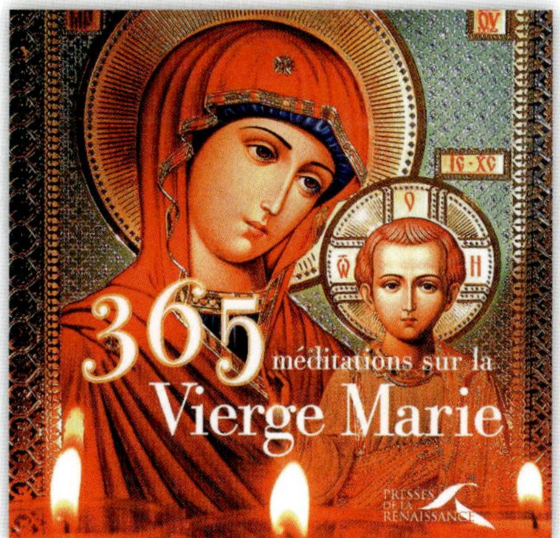
365 méditations sur la Vierge Marie
PRESSES DE LA RENAISSANCE

365 méditations bibliques
PRESSES DE LA RENAISSANCE

365 méditations de sœur Emmanuelle

365 méditations sur les chemins de la Bretagne sacrée
Photographies YVON BOËLLE
PRESSES DE LA RENAISSANCE

365 méditations sur les chemins du bonheur
PRESSES DE LA RENAISSANCE

365 méditations quotidiennes du Dalaï-lama
PRESSES DE LA RENAISSANCE

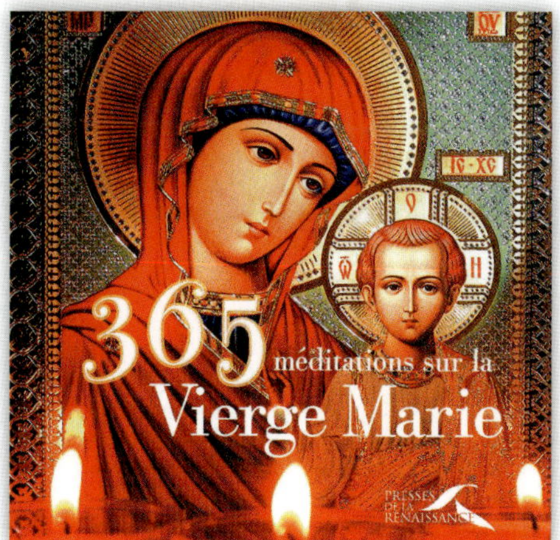
365 méditations sur la Vierge Marie
PRESSES DE LA RENAISSANCE

365 méditations bibliques
PRESSES DE LA RENAISSANCE

365 méditations de sœur Emmanuelle

365 méditations sur les chemins de la Bretagne sacrée
Photographies
YVON BOËLLE
PRESSES DE LA RENAISSANCE

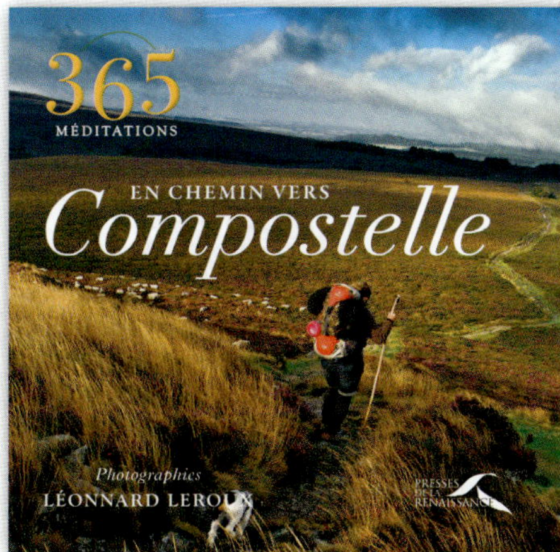
365
MÉDITATIONS
EN CHEMIN VERS
Compostelle
Photographies
LÉONNARD LEROUX
PRESSES DE LA RENAISSANCE

365
MÉDITATIONS
JÉRUSALEM
À LA CROISÉE DES CHEMINS
Photographies
LÉONNARD LEROUX

www.presses-renaissance.com

Pour en savoir plus sur les Presses de la Renaissance
(catalogue complet, auteurs, titres, extraits de livres,
revues de presse, débats, conférences...).

Maquette, illustrations : Daphné Desroziers

Dépôt légal : octobre 2011
Imprimé en Espagne par Gráficas Estella

12 avril 75

Une famille !
comme le monde
où l'on apprend tous
que ce n'est pas vrai
pour les autres ; que
seulement là où l'on
aime les + petits.

Très fraternellement
à la rencontre de
vous tous ceux qui